You Are Never Alone
あなたはひとりではない
イエスの奇跡が私たちに語りかけるもの
マックス・ルケード
中嶋典子訳

Published by arrangement with Thomas Nelson, a division of HarperCollins Christian Publishing, Inc. through Tuttle-Mori Agency, Inc., Tokyo

謝辞

私がこの本を書き上げることができた背景にはどんな事情があったのでしょう。それはきっと神が、ルケードには、天が用意できる最大級の助けを与えなければと判断されたのではないかと思うのです。そう、よく横道にそれ、ぐずぐずと物事を先延ばしにし、すぐ不平を鳴らし、気分の落ち込みやすい私には、天使も羨むほどの超一流のサポートチームが必要なのだということをご存じだったのでしょう。そうでなければ、私の周りにこれほどまでに素晴らしい助け手が与えられたことの説明がつきません。私を支えてくださったお一人おひとりは皆、私にはもったいないような方たち、そして敬愛してやまない方たちです。

さてそれでは、私の大切なサポートチームのメンバーを順番にご紹介することにいたしましょう（頭の中でドラムロールを流してくださいね）。

リズ・ヒーニー、そしてカレン・ヒル、あなたがたほどの優れた編集者は他にいないでしょう。どんなにお礼を述べても足りないほどです。

キャロル・バートレー、あなたは、まるでジュリア・チャイルド（訳注・アメリカで有名な料理研究家）が台所ですぐれた料理を作り上げるように、完璧なわざで原稿の校正をしてくださいました。心から感謝します。

スティーブ・グリーン、そしてチェリル・グリーン、あなたがたはまさに天から遣わされたと言っても過言ではありません。まだまだお二人を天にお返しするつもりはありませんけれど。

ハーパーコリンズ社キリスト教出版部の優秀な社員であるマーク・シェーンヴァルト、ドン・ジェイコブセン、ティム・ポールソン、マーク・グレズネ、エリカ・スミス、ジャンヌ・マカイヴァー、ローラ・ミンチューの皆さんに、心より感謝します。

本書が完成する前に天に召されたブライアン・ハンプトンに、心からの感謝を捧げます。私にとって彼は大切な存在でした。

デービット・ムーベリは、一九七五年から信仰書の出版の働きに携わり、一九八九年以来私が本作りに取り組む上で欠かせない存在となりました。君が、ただ君であることに感謝しています。

ヤーナ・ムンティンガー、パメラ・マックルーア、あなたたちの肩書きは「広報係」なのだけれど、私にとっては「友人」のほうがしっくりきます。本当にありがとう。

グレッグ・リーゴン、スーザン・リーゴン、あなたたちは混乱を鎮め、曖昧さを明確にし、そしてよいものを創り出す天才です。あなたたちにできないことなんてあるのでしょうか。このプロジェクトを成功に導いてくれてありがとう。

デイブ・トリート、君は、この本が出来上がるまでのあいだ、ずっと陰で祈り続けてくれました。君の真摯な祈りに神が応えてくださいますように。

ジェイニー・パディラ、マーガレット・メキーヌス、あなたがたは、電話をかけたり、メールに返信したり、また書類の整理など、事務作業を一手に引き受けてくださり、感謝します。おかげで整然とした中で仕事をすることができました。

ブレット、ジェナ、ロージー、マックス、アンドレア、ジェフ、そしてサラ、私の大事な家族である君たちは、皆結束が固く、生き生きと活気に満ちていて、ますます面白く楽しみな存在になりつつあります。一人ひとり、心から愛しています。

そして最後になりましたが、私の愛する妻ディーナリン、神はあなたを創造するとき、きっとバイオリンと極上のぶどう酒をお用いになったに違いありません。バイオリンとぶどう酒がそうであるように、あなたも時を経るにしたがい、ますます円熟味が増しているように私には思えるのです。あなたを心から愛してやみません。

マックス・ルケード

もくじ

第1章

We Can't,
but
God Can

私たちにはできなくとも、神はできる！

「自分だけが頼りなのに、もう何もできなくて……」

私たちが会話を始めて一時間ほど経った頃でしょうか、ぽつりと一言彼女がつぶやきました。病院の待合室で、彼女は砂糖を入れたコーヒーを、私は粉クリーム入りを飲んでいました。華奢《きゃしゃ》で小柄なその人の顔は化粧っ気がなく、櫛《くし》をあてていないのか髪の毛はあちこちはねていて、着ているのはしわだらけでオーバーサイズのTシャツ。もしかしたら、夜も着替えずそのままの姿で寝ているのかもしれません。プラスティックの棒をせわしなくかき回しているせいか、彼女のコーヒーカップの中には小さな渦ができていました。それは、どうしようもない無力感がぐるぐると渦巻く彼女の気持ちそのもののようでした。

その女性の十七歳になる息子は、私たちのいる待合室から二部屋先の、五十メートルほど離れた集中治療室にいました。もう一年以上薬物依存症と闘っていた彼は、車の衝突事故を起こしたあげく、病院に運び込まれたのです。四日間もの解毒治療に苦しみ、ひどく暴れて手がつけられないため、ベッドに縛りつけられていたのでした。

たった今私が記したことを、彼女は一時間ほどかけて訥々《とつとつ》と話してくれました。話の合間に何度も涙を流し、深いため息をつき、そして離婚した夫について触れるときは怒りに震えていました。父親としての自覚がまるでない元夫は、息子の面倒を彼女に丸投げし、言い訳ばかりでちっとも関わろうとしてくれないのです。そんな状況にこらえきれなくなったのでしょう、彼女の口からふと漏れたことばが「自分だけが頼りなのに、もう何もできなくて……」だったのです。

彼女がコーヒーカップをあんまり強く握りしめるので、ヒビが入るのではないかと心配するほどでした。

あなたには彼女の気持ちが分かりますか？　何もかも悪い方向へ進み、誰も自分のことを気にかけてくれない、助けてくれない、話も聞いてくれない、心に留めてくれない、そんな絶望した思いを。

もし分かるのでしたら、あなたはひとりではありません。この気持ちが分かるのはあなた一人ではないという意味ではなく、文字どおり、あなたはけっしてひとりでないということです。あなたは今、暗闇に吸い込まれていくような孤独感、どうしようもない無力感に苛まれているのでしょうか。もしそうだとしたら、そのような思いにいつまでもとらわれている必要はありません。状況を変えるのは自分次第、なのに何もできない、もしそう思って苦しんでいるのなら、ぜひあなたに知ってほしいいくつかの出来事があります。

イエスの弟子であったヨハネが記した物語を、ぜひ読んでいただきたいのです。そして物語に込められた意味を深く思い巡らしてほしいのです。ヨハネは、まるでタペストリーを作り上げるように、イエスが行われた数々の奇跡の出来事を物語に織り込み、福音書を完成させました。それは「イエスが神の子キリストであることを、あなたがたが信じるためであり、また信じて、イエスの名によっていのちを得るため」（ヨハネの福音書二〇章三一節）です。「いのちを得させる信仰」、これこそ、ヨハネが私たちに伝えたかったことです。あふれるほど豊かで、堅固で、しなやかな信仰。私たちがそのような信仰に立つとき、そこにいのちが生まれます。私たちの力を超えた真の力を見出します。自分に備わった能力以上のことを成し遂げることができるようになり、自らの知恵を超えた解決が与えられるのです。

信仰とは、聖なる存在をただ敬い畏れることではありません。信仰とは、神に信頼することと。今も生きておられ、私たちを愛してくださる救い主の力に頼り切ることなのです。そのとき、私たちは「イエスの名によっていのちを得」ます。それこそが、イエスが奇跡を行われた目的なのです。ヨハネが福音書の中で記した奇跡の出来事一つひとつが、あなたも私もけっしてひとりではないという神の約束への確信を与えてくれます。キリストも最後にそう私たちに約束してくださったではありませんか。イエスは天に帰る直前、弟子たちにこう言われました。「わたしは世の終わりまで、いつもあなたがたとともにいます」（マタイの福音書二八章二〇節）と。

このことばは、きっとヨハネの心に深くとどまったはずです。

老弟子ヨハネの最後の大仕事

年老いたこの弟子が、イエスの奇跡の出来事を嬉々として語る姿を想像してみてください。髪に白いものが混じり肌にはしわが刻まれていますが、目は希望にあふれ、その笑い声は部屋じゅうを温かく包み込んだことでしょう。ヨハネは晩年エペソの信者たちを牧会していたと言われていますが、その約六十年前、エペソから何千キロも離れた地で、網を置いてわたしに従いなさいとイエスに声をかけられた時のことを、いつも嬉しそうに語って聞かせていたことでしょう。エペソの人たちも、その話に喜んで耳を傾けたに違いありません。ヨハネはあの時、イエスの呼びかけにすぐに従ったのです。

そう、ペテロも、アンデレ、そしてヤコブも。もう彼らの姿はここにはありません。すでに使命を終え、天に帰ったのです。ヨハネだけがまだ地上に残されていました。

天に帰る日がそう遠くないことを悟ったヨハネは、最後の大仕事に取り組むことにしました。マルコの記した福音書は、すでに広く人々の間で読まれていました。マタイ、そしてルカも、それぞれキリストの生涯についてまとめていました。ヨハネは、自分も同じことをしたいと思ったのです。ただし、すでにある福音書とは違うものにしたい。マルコやマタイ、ルカが書かなかった出来事にも触れ、またすでに書かれた物語をもっと詳細に描きたい。そこでヨハネは、イエスの行われた数々の「しるし」を中心に、福音書を記すことにしました。

ヨハネの福音書を読む私たちは、まずはカナでぶどう酒の味見をし、その後カペナウムで死の病から無事生還した息子を抱きしめる父親の姿を目撃します。ガリラヤ湖の上で急な嵐に巻き込まれたかと思えば、その後おなかをすかせた群衆のつぶやきを耳にします。そして足のなえた人が力強く立ち上がるのを、目の見えなかった人が笑顔で空を見上げる姿を見ます。その後ヨハネは、私たちを二つの墓場に案内します。その一つは、イエスが十字架にかけられた丘のすぐ近くにあります。そして最後、一人の弟子の人生を大きく変えることとなった、朝食での会話にそっと耳を傾けるのです。ヨハネが選び抜いた奇跡のきっかけは、婚礼でのちょっとした手違いから、残酷な刑の執行、空腹な群衆、絶望の中での不意の出会い、湖上での大ピンチ、そして友の埋葬に至るまで、実にさまざまです。私たちは、ヨハネが物語に込めたメッセージをくみ取りながら、これらの奇跡を、単なる歴史上の出来事としてではなく、神のご計画の中で起きたこととして注意深く見ていかなければなりません。

これらの出来事がすべて溶け合い一つの声となって、私たちにこう呼びかけるのです。さあ、目を上げ、心を開き、この世界を支配しておられる力ある方は、どんな時もあなたの最善を願い、希望を与えようとしているのだと信じなさい、と。

ヨハネが、イエスの奇跡のみわざを記したのは、私たちを驚かせたり感心させるためではありません。キリストが偉大な方であり、そして愛をもっていつも共にいてくださることを、私たちが信じるようになるためです。これらの奇跡の出来事は、こう宣言しているのです。大丈夫、神はすべてご存じなのだから。「頼りになるのは自分だけ」だって？　とんでもない！　神はあなたを丸ごと引き受け持ち運んでくださるのだ、と。

あなたは自分で思うよりもずっと強いのです。なぜなら神は、あなたが思うよりもはるかにあなたの近くにおられるのですから。

イエスは私たちの傷に触れてくださいます。希望のことばを語られます。私たちの人生を良い方向に導き、祝福を注いでくださいます。イエスの奇跡のみわざには、あるメッセージが込められているのです。「わたしはここにいる。あなたのことを心にかけている」と。

イエスが、ただご自身が神であることを明らかにしたいだけならば、全く何もないところから鳥の大群を出してみたり、木を根こそぎ抜いて空に飛ばしたり、小川を滝に、岩をミツバチに変えればよい話でしょう。イエスのお力がどれほどすごいかを示すだけなら、それで十分です。しかしイエスは、私たちにもっと大切なことを知ってほしいと願っています。奇跡を行われる神は私たちを愛し、心配し、助けに駆けつけてくださる方なのだということを。

これこそ、今日の私たちがもっとも必要としているメッセージではないでしょうか。

本書は、コロナ禍のさなかに生まれました。コロナウイルスが世界中に拡がる様子を目の当たりにしながら、私は執筆を続けました。数か月前のちょうど原稿を書き始めた頃、新型コロナウイルスはまだほとんど知られていませんでした。「ソーシャル・ディスタンス」や「外出禁止令」などの用語は、ごく専門的なマニュアルで目にすることはあっても、ふだんの会話に出てくることはまずありませんでした。しかし、私がこれを書いている最中にも、今や何百万もの人々が自宅に閉じ込められ、外出もままならなくなってしまっているのです。

このような危機的状況の中、すでに深刻な問題となっている孤独、絶望感の蔓延《まんえん》がさらに加速しています。ある研究によると、孤独は、一日に十五本たばこを吸うのと同じくらい健康に危害を及ぼすとのこと。孤独は、認知症、特にアルツハイマー型認知症、心疾患、免疫力の低下、短命などを引き起こす可能性が高いのだそうです(1)。

アメリカのとある大きな病院の理事の話によると、救急救命室が患者であふれている主な原因の一つが、この「孤独感」なのだそうです。テキサス州ダラスにあるパークランド記念病院が、救急救命室が常に満室状態であることを打開すべくさまざまな策を講ずる中、この原因に行き着いたのだそうです。データ分析を行い、救急救命室に運ばれる頻度の高い患者をリストアップした結果、一年のあいだに、四部屋しかない救急救命室を八十人の患者だけで五千百三十九回も利用し、千四百万ドル以上もの金額を費やしていることが判明したのです。

そこで、調査チームを組んで、これら八十人の患者と個別に面会し、なぜ救急治療を受けることになったのか経緯を尋ねたところ、彼らが皆同じように孤独感に苦しんでいたことが分かったのでした。貧困や食料不足なども原因として挙げられますが、やはり孤独感が一番の原因であることがはっきりしたのです。彼らは、救急救命室で受ける配慮や温かいケアが忘れられず、繰り返し戻ってきたのでした。自分のことを心にかけてくれる人がいるという確信がほしかったのでしょう。(2) 私たちもその気持ちが痛いほど分かるのではないでしょうか。

今こそ奇跡を見つめて

使徒ヨハネがどうしても伝えたかったこと、それは、私たちのことを心にかけてくださる方がいるということ、愛のお方である神の力を信じ、この方にしっかりと拠り頼んで生きてほしい、ということです。

人生が思うようにいかないとき、神は心配してくださるのか。大きな試練に見舞われたとき、神は助けてくださるのか。人生に悲しみが訪れ、嵐が襲うとき、神は目を留めてくださるのか。死の恐怖に直面したとき、神は手を差し伸べてくださるのか。

ヨハネの福音書に記されている奇跡の出来事は、私たちのたましいにいのちを吹き込み、これら一つひとつの問いにはっきりと、然《しか》り、そうだと告げるのです。ヨハネが記した奇跡とはどんな出来事だったかあなたは知っていますか。あなたは、イエスが、偉大なだけでなく、弱い立場の人、傷ついた人に心から同情してくださる方であると信じますか。病院の待合室、リハビリ施設、療養室に一人横たわり孤独と闘うあなたを心に留めてくださっていると信じますか。

先日、三歳半になる孫娘ロージーと一緒に、忠実なる愛犬アンディを連れて散歩した時のことです。

アンディは我が家からすぐ近くにある、水の干上がった河床を探索するのが大好きで、ロージーは嬉々として、その後ろをついていきます。ロージーはアンディの行くところどこまでも一緒に行けると信じています。私が身体を支えようと差し伸べた手を、大丈夫だからと振り払う始末。彼女のおてんばぶりは、おばあちゃん譲りかもしれません。どんどん先を行くアンディの後を、ロージーがぴったりとついていき、私も遅れまいと追いかけます。

途中、アンディが雑木林に何か生き物を発見したらしく、それを追ってすばやく木の茂みに飛び込みました。ロージーも同じく飛び込みます。しかし、アンディがするりと木の茂みを通り抜けたのに対し、ロージーは案の定、はまり込んでしまい身動きが取れなくなりました。先のとがった枝で腕にかすり傷ができ、とうとう泣き出してしまいます。

「パパマックス（孫たちは私をこう呼びます）！　お願い、助けて！」

さて、私はどうしたでしょう。もちろん、すぐに駆けつけましたとも。そして木の茂みのあいだに潜り込み、両手を差し伸べました。ロージーも両腕をこちらに差し出し、私は彼女を抱きかかえ無事救い出すことができたのです。

神は、あなたにも同じようにしてくださいます。あなたはけっしてひとりではありません。必ず助けが、希望が与えられるのです。

あなたも、そして私も、人生が行き詰まったとき、大きな失敗を犯し打ちのめされてしまったとき、すぐに駆けつけてくださる方の存在を心から待ち望んでいるのではないでしょうか。そう、今も生きておられ、愛にあふれ、大いなる奇跡を行われる神、棘《とげ》だらけの茂みのようなこの世界に迷うことなく飛び込んで、私たちを救い出してくださるお方を。

もしそうであるならば、ぜひヨハネが書き残したイエスの奇跡物語を、じっくりと読んでみてください。そして、なぜヨハネがこれらの物語を記したのか、その理由に思いを馳せていただきたいのです。

「これらのことが書かれたのは、イエスが神の子キリストであることを、あなたがたが信じるためであり、また信じて、イエスの名によっていのちを得るためである。」(ヨハネの福音書二〇章三一節)

第2章

He Will Replenish What Life Has Taken

失ったものを補ってくださる主

昨日手にしていたものが今日はない

その人は、「全知全能」と表現するにはさすがに無理があるものの、べっこう縁の眼鏡をかけ、グレーのフランネル生地のスーツをスマートに着こなし、書類の束を小脇に抱えた姿はかなり理知的。いかにも統計学者といった風情で、なかなか用意周到、そして切れ者に見えます。まるで予言者、それとも透視能力者、はたまた神の使いか。いやいや、頭上に光の輪が浮かんでいるわけでもないし、そばに仕える天使の姿もない。一見神々しく顔が輝いている気もしますが、よく見ればオフィスの窓から差し込む午後の日差しが顔に当たっているだけだと気づきます。

「さて、と……」彼は、バインダーを取り出し、グラフやら細かい文字が書かれたページをパラパラとめくりながら口を開きました。「まずは、お二人の寿命ですが……」そう言うと、私たちの顔にちらりと視線を向け、「もしご自身の目でお確かめいただくのであれば、七ページ目をお開きください」と続けます。私たちがあわててそのページを開くあいだ、彼は神妙に待ちます。私は緊張のためか手のひらに汗をかき、妻のディーナリンは目を大きく見開きます。私たちは今まで、さまざまな日付を告げられてきました。娘たちの出産予定日、大学の卒業式、結婚式の日程等々。でも、死亡日を告げられるのは今日が初めて。「デッドライン」ということばがありますが、何とも言い得て妙ではありませんか。それにしても、あらかじめ死亡予定日なんて分かるものなのだろうか……。

彼の正式な肩書きは生命保険外交員。先だって彼から電話があり、「将来の備えが十分かどうかご一緒に確認いたしましょう」と言われたのです。

そのためには二つの情報が必要でした。一つ目は私たちが払える掛け金の額、二つ目は私たちの寿命。一つ目の情報は私たちが提供するとして、二つ目については彼が試算して割り出すという話でした。そして今まさに、私たちはその日を告げられようとしていたのです。

「もし今週死ぬって宣告されたらどうしよう……」私はディーナリンはささやきます。「僕の代わりに説教する人を立てないとね。」私の冗談にディーナリンは返事をせず、正面に座る彼も黙ったままにこりともしません。

彼は、まるでホテルマンが予約状況を確認しているかのような淡々とした口調で、こう言いました。「それでは奥さんからいきましょう。私の試算では、奥さんは二〇四四年までご存命です。次にご主人ですが、二〇三八年までということになりますかね。」

ああ、なんということ！　とうとう知ってしまった……。その後も、彼の説明が延々と続きましたが、全く頭に入ってきません。私は、墓石に刻むデータをすっかり手に入れてしまったという事実に愕然としていました。最初に刻む数字、それは「一九五五」。これは以前から分かっています。次に三センチほどの棒線（ほんの好奇心から、実際に墓石に定規をあてて長さを測ってみたことがあるのです）。そしてその日、棒線の右横に記す二番目の数字がはっきりしたのでした。そう、それが「二〇三八」。

これは二〇一八年の出来事でしたので、その時、私の寿命は残り二十年ということが判明したわけです。つまりこの地上での人生は、四分の三がすでに過ぎてしまったということ。この衝撃の新事実をもとに、自分にはいったい何がどのくらい残されているのか計算してみました。

・息をする回数＝一億六千八百十九万二千回（一見するとずいぶんと多いようですが、この章の始めの辺りを執筆しただけで、すでに二千回もの息をし終えています。）
・ゴルフのスイングの回数＝十万八千回（私の場合、それは十ラウンド分に相当します。）
・ディーナリンという名の眠れる森の美女と共にベッドで眠れる回数＝七千三百回（私が願う回数をはるかに下回りますが、受けるに値する回数をはるかに上回ります。）

私はさらに、大統領選挙で投票できるのはあと何回か、スーパーボウルを観戦できるのはあと何回か、夏の夕焼けを眺めることができるのはあと何回で、満開のブルーボネットを愛《め》でることができるのはあと何回なのかも計算してみました。

そんな計算を色々としているうちに、ふだんつい見過ごしがちな、ある真実に気づいたのでした。つまり私たちの手持ちの時間が、徐々になくなりつつあるということに。そう、私たちに残された日々、仲間や家族と親しく交わることのできる喜び踊るような日々が、少しずつ失われてゆくという事実に。私たちの生まれた日に砂時計がポンとひっくり返され、それ以降少しずつ砂が下に落ちていくように、時間や機会もどんどん減り続けているのです。昨日手にしていたものが今日はない……。私たちは、自分が思う以上に速いペースで、さまざまなものを消費していく存在なのかもしれません。

イエスが最初の奇跡を行われた背景にも、そんな事情がありました。イエスはその時、婚礼に招かれていました。もちろん母マリアも出席していました。すると、少し困ったことが起きたのです。そのことにいち早く気づいたマリアは、さっそくイエスにこう知らせました。「ぶどう酒がありません」（ヨハネの福音書二章三節）と。

その時そばに控える天使が私であったなら、一言口を出さずにはいられなかったでしょう。マリアとイエスの間に羽を差し挟み、こう言い聞かせたに違いありません。「いいですかマリア、そんなありふれた些末《さまつ》なことにいちいち関わるために、イエスさまはこの地上に来られたわけではないのですよ。死人をよみがえらせたり、足なえを癒やしたり、悪霊を追い出したり、イエスさまにはもっと大切な働きがあるのです。ぶどう酒がないぐらいのことで、イエスさまを煩わせたりしないでください」と。

しかしその時、イエスのそばに待機していた天使は私ではありませんでしたので、マリアは何も邪魔されることなく、直ちにイエスに助けを求めたのです。そう、ぶどう酒樽が空《から》っぽになってしまったけれどもどうしましょう、と。当時パレスチナでは、よく盛大な宴会が催されました。婚礼も当然のことながら一晩でお開きになることはなく、祝宴は延々と一週間も続きました。その間、料理もぶどう酒も途切れることのないよう、ふんだんに用意されるのが常でした。そのため、宴会の給仕係たちが、樽の底をこそげるようにしてぶどう酒を汲んでいる姿を目にしたマリアは、心配になってしまったのです。

これは、あらかじめ十分な量のぶどう酒を用意しなかった主催者の責任でしょう。喉が渇いた弟子たちをぞろぞろ引き連れてやって来たイエスにも、少しは責任があったかもしれません。ぶどう酒が足りなくなった理由は定かではありませんが、どのように補充されたかについては聖書にきちんと記されています。

マリアがぶどう酒がないことをイエスに率直に伝えます。イエスは、直ちにその願いをかなえることはしません。マリアはイエスにゆだねます。イエスは思い直して命令を下します。給仕係たちがイエスのことばに従います。その後、単なる水としか思えない液体を宴会の世話役に差し出します。世話役は、液体の入ったグラスを陽にかざしてから一口すると、なぜこれほどまでに質の高いぶどう酒を最後まで残しておくのかと感嘆の声を上げます。そして、給仕係たちに連れられ六つの水がめが並ぶ場所まで行くと、そこには芳醇な香りを放つぶどう酒が、水がめの縁までたっぷりと満たされているさまを目の当たりにするのでした。ぶどう酒が足りずに困っていた現場は、いきなりぶどう酒飲み放題の大宴会場へと化したのです。

私たちの一大事はイエスの一大事

以前私は、この奇跡物語に少し似た体験をしたことがあります。私も、今までずいぶんと無茶なことをやってきましたが、その一つが、ハーフアイアンマン・トライアスロンの完走。このトライアスロンのメニューは、スイムを一・九キロ、バイクを九十キロ、ランを二十一キロ。五十歳（当時）にもなる初老の牧師が、なぜそんな辛いレースに出場するのか……。これこそまさに、妻から言われ続けてきたことです。（さすがにスピード〔訳注・アスリート用に設計されたランニングシューズ〕を着用するほどの入れ込みようでもないのでご安心を！）

この大会の最中、私はそれまでの人生の中で、最も風変わりな祈りをささげたのでした。私は、仲間二人と共にこの大会に参加するためにフロリダにやって来ました。その仲間の一人が、インディアナ州に住む友人も大会に誘いました。私は大会参加者のうちこの三人とは顔見知りでしたが、残りの二百人の参加者とは何の面識もありませんでした（このことは、実はあとで重要な意味をもちますので心に留めておいてください）。

私は息を切らしながら、どうにか最下位は免れつつも、限りなくそれに近い順位でスイムを終えました。次にバイクに飛び乗り、向こう三時間は休みなく走り続ける覚悟でペダルを踏み始めました。コースの三分の一ほどの距離まで進んだ私は、GUを取り出そうとシャツのポケットに手を入れました。ＧＵとは、運動中気軽に摂れる栄養補助食品のことです。ところが、確かにポケットに入れたはずのＧＵがないではありませんか！　このままだと、残り四十八キロもの道のりをＧＵなしで乗り切らなくてはなりません。トライアスロンのコースの途中に、ＧＵを販売しているコンビニなどあるはずもありません。

私は、これまで数え切れないほどの祈りをささげてきました。死にゆく人に寄り添いながら祈りをささげたこともあれば、生まれたばかりの赤ちゃんのために祈りをささげたことも。傷ついた人のために、また壊れてしまった家庭のために心を注いで祈ったこともあります。でも、ＧＵのために祈ったことなど、生涯に一度もありません。しかし、他にどうすることもできません。私のようなくたびれた中年男が、ＧＵなしでコースを完走するなどとうてい無理な話なのですから。

そこで私は祈りました。はぁはぁと息を切らし、ペダルを踏みながら、途切れ途切れながらもこう祈ったのです。「主よ、こんな祈りを、ささげた者など、世界広しと、言えども、きっと私くらいな、ものかもしれませんが、情けないことに、今、こんなありさまで……」と。

さて、どうなったと思いますか。空からＧＵが降ってきたでしょうか。実は、それに近いことが起きたのです。仲間の友人でインディアナ州から参加した男性が、なんと私の後ろからやって来て、声をかけてくれたのです。

「やあ、マックスさん！　どうですか、調子は？」

「ちょっとね、困ったことがあって……」

私がGUを持ってくるのをうっかり忘れてしまったと告げると、彼はスッとポケットに手を入れてGUを三つ取り出すと、「たくさん持ってますから」と言って私に渡し、そのまま風のように走り去っていったのです。

きっとあなたはこんなふうに思っておられるでしょう。「ルケードさん！　そんなこと、神が祈りに応えてくださる例として挙げるには、説得力なさすぎじゃありませんか？　私が今抱えているのは、病気、借金、解雇のような大きな問題なのに、レースでGUがないくらいの、そんなどうでもいいことを祈るなんて……」

そのとおり。まさにそこがこの話のポイントなのです。

イエスが私たちに伝えたかったことも、そこにあるのでしょう。正直言って、婚礼でぶどう酒が足りないくらいのことなど、それほどたいした問題でもないでしょう。この地上ではもっと差し迫った問題が山積みなのに、酒樽が空になった程度のことをイエスが重要な案件として扱ったのはなぜなのか。答えはシンプルです。マリアにとっての一大事は、イエスにとっても一大事であったからです。イエスは、こんな些細なことのためにさえ神の力を使うことをいとわない方なのですから、人生におけるもっと重大で深刻な問題であればなおさら、進んで解決に乗り出してくださらないはずがないのです。

小さな心配を具体的に

主は、私たちに何か願い事があるならば、たとえどんなことであっても、神に祈り求めなさいとおっしゃいます。「何も思い煩わないで、あらゆる場合に、感謝をもってささげる祈りと願いによって、あなたがたの願い事を神に知っていただきなさい」（ピリピ人への手紙四章六節／強調は筆者による）とあるとおりです。「あらゆる場合に」とあるのですから、問題がそれほど大きくなくても神に祈り求めてよいのです。

マリアもそうでした。彼女は、小さな心配をそのままキリストに伝えました、「ぶどう酒がありません」と。特別騒ぎ立てることもせず、普段どおりの口調で。彼女は、何が問題なのか、解決できるのはどなたなのか、ちゃんと分かっていました。ただその二つの橋渡しをしただけなのです。

私の娘たちもそうでした。彼女たちは子どもの頃、何か必要が生じると、それをそのまま私に伝えました。娘たちから、「今日一日、私にとって良いお父さんでいてくれますように」とか、「私の心のうちにある深い願いをかなえてください」などと言われたことは、ただの一度もありません。

彼女たちからの頼まれ事と言えば、「車で迎えに来てくれる？」とか「お金ちょうだい」、

「今晩お友達のところに泊まっていい？」、「宿題手伝って」、「パパみたいに賢くて、ハンサムで、素敵な人になれる方法を教えて！」といったところでしょうか（最後はちょっと筆がすべりました）。

つまり私が言いたいのは、娘たちの願い事はいつも具体的であったということ。娘たちの願いがあまりに具体的すぎて、私がひるんでしまったと思いますか？　何をしてほしいのかはっきり言われて、侮辱されたように思ったでしょうか。とんでもない！　私はあの娘《こ》たちの父親なのです。むしろ頼りにされていると感じ、嬉しいのです。子どもの必要を心に留め、その願いをかなえてやるのは、父親として当然のことなのですから。

だからこそ、あなたに問いたいのです。あなたは神にちゃんと願い求めていますか、なくて困っているもののために祈っていますか、と。イエスはあなたの必要を真に満たす答えを、必ず用意してくださいます。神は、とりあえず腹を満たす即席料理のような解決をあてがうのではなく、その状況にしかあてはまらない唯一無二の祝福を下さる、ベテランシェフのような方なのです。大勢の人々が癒やしを求めてイエスのもとを訪れたとき、「イエスは一人ひとりに手を置いて癒やされた」（ルカの福音書四章四〇節／強調は著者による）とあるとおりです。

イエスは、たった一言宣言するだけで、その場にいた全員を一瞬のうちに癒やすこともできたでしょう。しかしイエスは、十把《じっぱ》一絡《ひとから》げのような対応をなさる方ではありません。一人ひとりに目を注ぎ、丁寧に応答してくださるのです。イエスは、私たちがそれぞれに抱える問題を理解し、それぞれが必要とする祝福を与えてくださいます。

私たちは、具体的で的を射た祈りをささげることによって、キリストが愛をもって私たちに関心を示してくださることを確信することができます。あなたが今抱えている問題を用いて、キリストはあなたをしっかりと捕らえてくださいます。今直面している試練は、キリストが最高傑作を描くためのキャンバスとなるのです。ですから、ごく簡潔な祈りをささげ、あとはすっかりキリストにゆだねてしまいましょう。

あなたに奇跡は起きない？

ここでも、マリアが私たちにお手本を示してくれています。マリアとイエスとのやりとりを注意深く見てみましょう。マリアはイエスに「ぶどう酒がありません」（ヨハネの福音書二章三節）と伝えますが、不思議なことにイエスはいったんはマリアの訴えを退けるのです、「女の方、あなたはわたしと何の関係がありますか。わたしの時はまだ来ていません」（同二章四節）と。

まるでスケジュール帳に印でもつけていたかのように、イエスは神としてのお力を現す日をすでに定めておられました。その日、カナで奇跡を行うことは全く予定していなかったのでしょう。イエスはただ純粋に、結婚を祝うために婚礼に出席なさったのです。当然のことながら、「水をぶどう酒に変えること」は、その日のイエスの「することリスト」に含まれていませんでした。天使たちも、イエスの奇跡第一号を一目見ようと、行列を作っていたわけではなかったでしょう。それはまだ先の予定だと、彼らにも通達されていたはずだからです。

マリアが願い求めたにもかかわらず、イエスが奇跡を行うことを躊躇《ちゅうちょ》された背景にはそのような事情があったのです。

あなたにも同じ経験がきっとあるはずです。まずは三節。あなたはさっそく祈ります、ぶどう酒がないことを。時間、気力がないことを。将来の目標、生活の術を失い、精も根も尽き果て、銀行の預金も減りつつあることを。すると四節、いきなり沈黙が訪れるのです。まるで真夜中の図書館にいるみたいに。祈りに全く応えてもらえない。奇跡など起きない……。そして五節。祈りが応えられないとき、あなたはどうしますか。

もしマリアだったら、こんな展開もあったかもしれません。

「マリアは怒って、足を踏みならしながら立ち去った。」

「マリアは、もうイエスのことなんか信じないと宣言した。」

「マリアは言った。『もし私のことを大切に思うなら、少しくらい言うことを聞いてくれてもいいでしょう?』」

「マリアは言った。『今まであなたのために洗濯したり、食事を作ってあげたりしたのに、あなたはお母さんに感謝の気持ちもないの？』」

しかし五節には、こう記されているのです。「母は給仕の者たちに言った。『あの方が言われることは、何でもしてください。』」と。

つまりマリアはこう言っているのです。「このことの責任は私ではなく、イエスにあるのです」、「この世界を治めているのはイエスであって、私ではないのです」、「未来を見通し、すべてをご存じなのはイエスであって、私ではありません」、「私はイエスに全幅の信頼を置いています。この方が言われることは、何でもしてください」と。「何でも」とは、文字どおり何でも、なのです。イエスの言われることは何でも、イエスの命令されることは何でも。それがいかなることであれ、そしてどんなことであろうとも[1]。

マリアはここではっきりと宣言しているのです。この婚礼のすべてを取り仕切っておられる王なる方は、イエスなのだと。できることなら、マリアは迷うことなくイエスの頭に冠を載せ、その肩に王衣をまとわせたことでしょう。すでに三十年もの年月をイエスと共に過ごしたマリアには分かっていたのです、イエスはご自身が何をしようとしているかちゃんとご存じであることを。マリアは、イエスが、母である自分の願いどおりではなく、正しいことを行う方なのだということを信じていたのです。その信仰のゆえに、確信をもってこう言うことができました、「もしイエスが是と言うなら、それはすばらしいこと、そして、イエスが否と言うなら、それもまた良し」と。

そんなマリアの迷いのないしっかりとした信仰に動かされたかのように、イエスは予定を変更なさったのでした。

「そこには、ユダヤ人のきよめのしきたりによって、石の水がめが六つ置いてあった。それぞれ、二あるいは三メトレテス入りのものであった。イエスは給仕の者たちに言われた。『水がめを水でいっぱいにしなさい。』彼らは水がめを縁までいっぱいにした。イエスは彼らに言われた。『さあ、それを汲んで、宴会の世話役のところに持って行きなさい。』彼らは持って行った。」(ヨハネの福音書二章六〜八節)

六つの石がめを満たすほどとは、(いいですか、驚かないでくださいね!)なんと、ぶどう酒の瓶七百五十六本分もの量なのです。(2) ワインの産地として有名なナパでさえ、それほどの量を生産することはできなかったでしょう。

「宴会の世話役は、すでにぶどう酒になっていたその水を味見した。汲んだ給仕の者たちはそれがどこから来たのかを知っていたが、世話役は知らなかった。それで、花婿を呼んで、こう言った。『みな、初めに良いぶどう酒を出して、酔いが回ったころに悪いのを出すもの

だが、あなたは良いぶどう酒を今まで取っておきました。』」（同二章九、一〇節）

イエスの奇跡によって、水は単にぶどう酒に変えられたのではなく、驚くほどの量の、さらには驚くほど良質なぶどう酒へと変えられたのでした。

本当は料理用ワインでもよかったのでしょう。コンビニで売っているようなぶどう酒でも、客は十分満足だったでしょう。ピザ屋で出す飲み放題用のワインでもかまわないと、マリアは思ったはずです。しかし、イエスはそれでは満足なさいませんでした。イエスに私たちの必要を訴え、イエスは正しいことをしてくださると心から信じるならば、驚くような素晴らしいことが起きるのです。イエスは、「私たちが願うところ、思うところのすべてをはるかに超えて行うことのできる方」（エペソ人への手紙三章二〇節）と書かれているとおりです。

イエスはどんな状況においても王なる方であることを、信じようではありませんか。具体的な祈りをささげましょう。イエスは、あなたの願いをそのままかなえなくとも、必ず神の最善を成してくださると信じましょう。そうするならば、イエスはあなたの心のうちにある本当の願いを聞き届けてくださる方だと分かるはずです。そして心から主をほめたたえる者となろうではありませんか。

ところで話は戻ります。二〇三八年になったら、人の寿命を予想するあの保険屋さんのことばがちゃんと成就したか、また改めてお知らせすることにしますね！

第3章

The Long Walk Between Offered and Answered Prayer

ささげられた祈りに答えが与えられるまでの、長い道のり

目に見えるもの、目に見えないもの

アパラチアン・トレイル（訳注・アメリカ合衆国東部をアパラチア山脈に沿って南北に十四州をまたいで縦貫する長距離自然歩道）を踏破した最初の人は、ビル・アーウィンではありません。ジョージア州スプリンガー山を出発し、メイン州カターディン山まで行き着くことができたのも、彼一人ではありません。その約三千三百キロもの長い道のりを、雪や酷暑、そして雨を堪え忍び、地面の上で睡眠を取り、浅瀬を歩き、寒さに身を震わせながら歩ききった冒険家は他にもいます。この偉業を成し遂げたのは、ビル・アーウィンが最初ではないのです。しかし、彼と他の達成者とを大きく分かつ点が一つありました。それは、アパラチアン・トレイルの踏破に成功した時、彼が全くの盲目であったことです。

ビルが、アパラチアン・トレイル踏破を目指して出発したのは一九九〇年、五十歳の時でした。アルコール依存症を克服し、熱心なクリスチャンとなった彼は、コリント人への手紙第二の五章七節「私たちは見えるものによらず、信仰によって歩んでいます」の聖句を胸に刻み、これを座右の銘とします。そして、文字どおりこれを実行することを決意し、地図もGPSもコンパスも持たず、盲導犬だけを相棒に、起伏の激しい山道に挑戦したのでした。彼のことばによると、八か月間かけ全行程を歩き切るまでに、なんと五千回も転倒したとのこと[1]。つまり一日平均して二十回も転んだというのです。さらには、何度か低体温症と闘い、

肋骨を骨折し、手や膝に数え切れないほどの擦り傷を負ったのでした。(2)

しかし、彼は確かにやり遂げたのです。その長く険しい道のりを、目に見えるものによらず、信仰によって歩き切ったのでした。

ビルと同じく、あなたは今、何かに果敢に挑んでいる最中かもしれません。アパラチアン・トレイルではなく、この人生において。あなたが今歩いているのは、ジョージア州とメイン州のあいだにある山道よりもさらに険しい長い道、そう、あなたがささげた祈りとその答え、つまり、

・「嘆願」と「賛美」
・「ひざまずいて願い求める」と「諸手を挙げて喜ぶ」
・「恐れの涙」と「歓喜の涙」
・「主よ、助けてください」と「神さま、感謝します」

のあいだに横たわる道ではないでしょうか。

あなたはきっとその道になじみがあるはず。先を進むにつれ疑いの霧が立ち込め、まるで招かれざる同伴者のように絶望がしつこくつきまとうのです。もし、あなたにそんな経験があるのなら、きっとこの物語に勇気づけられることでしょう。

～になったら私は信じる

「イエスは再びガリラヤのカナに行かれた。イエスが水をぶどう酒にされた場所である。さてカペナウムに、ある王室の役人がいて、その息子が病気であった。この人は、イエスがユダヤからガリラヤに来られたと聞いて、イエスのところに行った。そして、下って来て息子を癒やしてくださるように願った。息子が死にかかっていたのである。」（ヨハネの福音書四章四六、四七節）

息子が病気であったその人はヘロデ王に仕える役人で、おそらくは異邦人でした。今日の立場にたとえるならば、ホワイトハウスの首席補佐官、あるいは重要閣僚の一人といったところでしょうか。つまり当時の社会にあって、高い位に付き、大勢の部下を従えていた人物だったのです。しかし、その時の彼にとって、そんなことは全くどうでもよいことでした。大切な息子が重篤な病にかかり、生死をさまよっていたからです。その息子はまだほんの子どもでした（同四章四九節）。名医を探し出しては治療にあたらせるものの、一向に快復の兆しがありません。どれほど資金を費やしても、労が報われることはありませんでした。病や死を前にしては地位も財も全く役に立たないことを、嫌と言うほど思い知らされたに違いありません。息子が治るなら、きっとどちらも喜んで差し出したことでしょう。

その人の家はカペナウムにありました。カペナウムは、イエスにとっていわば活動の拠点となった漁村で、ペテロの出身地でもありました。イエスはこの村の会堂でたびたび話をしました。ですから、息子のことが心配でいても立ってもいられない父親を見かねた村人が、「ナザレのあの人に助けてもらってはいかがですか。病気を癒やす力があるそうですから」と助言したのも想像に難くありません。イエスは、カペナウムでは名が知られていたのです。しかしながら、その時、イエスはカペナウムから約三十キロも離れたカナという村にいました。(3)

そこで、ヘロデ王に仕えていたこの役人は、イエスに会いに出かける決心をしたのです。高熱のためにほてった息子のおでこにそっとキスをし、不安顔の妻を励ましたあと、その人はそこから北東にあるガリラヤ湖を目指し旅立ちました。無事目的地にたどり着くためには、食糧を準備し、入念に計画する必要がありました。夜明け前に出発すれば夕方にはカナに到着しますが、正午近くに出ればどこかの宿に一泊するか、あるいは誰かの家に泊めてもらわなくてはならないでしょう。いずれにしても、途中足を止めて美しい景色を眺めたり、知り合いの家に立ち寄ったりするような心楽しい旅ではけっしてなかったに違いありません。カナでイエスを見つけた頃には、この役人は疲れ果て、大きな不安に胸のふさがる思いだったことでしょう。

「この人は、イエスがユダヤからガリラヤに来られたと聞いて、イエスのところに行った。

そして、下って来て息子を癒やしてくださるように願った」とあります（同四章四七節）。なんという単刀直入な訴えであったことでしょう。その人は、自分の立場や地位について一言も触れませんでした。息子を癒やしてくれるなら報酬をはずむと約束することも、自分は神の助けを得て当然だなどと偉ぶることもありませんでした。ただ一心に助けを願ってイエスに駆け寄り、頼み込んだのです。おそらくはその場にひざまずき、地面に顔を擦りつけ、一緒にカペナウムに来て息子を癒やしてほしいと懇願したに違いありません。さらには自分の願いを伝えただけでなく、それをかなえる方法まで提案したのです。つまり、この役人が頭に思い描いていたのは、イエスに自分と連れだってカナからカペナウムへ、そして死にかけている息子の枕元まで来てもらうことでした。

それに対するイエスの答えに、私たちは驚くのです。「あなたがたは、しるしと不思議を見ないかぎり、決して信じません」（同四章四八節）。

イエスがこんな杓子《しゃくし》定規なことを言われるとは誰が想像したでしょう。ヨハネの福音書に記された奇跡物語の中で、イエスが警告とも取れることばを口にしたのはここだけです。イエスは、この時、「～**ならば私は信じる**」あるいは「～**になったら私は信じる**」というような条件的な信仰に対し危険信号を発したのです。

なぜイエスはこの時、そのようなことを言われたのでしょう。村人たちの態度に原因があったのでしょうか。彼らは、王室の役人が側近たちを伴って村を訪れたことに気づきました。そして彼には死にかけている息子がいて、イエスに助けを求めていることを知ります。村人らはイエスと役人の後をついて歩きます。子どもを心配する思いからではなく、ひょっとしたらまた奇跡を目撃できるのではないかという期待から。カナは、水がぶどう酒に変えられた場所でした。あの奇跡の出来事はたびたび人々のうわさにのぼり、今や知らない人はいませんでした。ですから、再びあのような素晴らしい出来事が見られるのではないかと皆が色めき立ったのです。「もう一度見せておくれよ」、人々から暗黙の期待がかかります。「今度は何をしてくれるんだい?」と。

あるいは、イエスは、ひざまずいて懇願する父親の心に、こちらから注文をつけるような信仰姿勢があるのを見抜かれたのかもしれません。彼は、ただ癒やしを願い求めたのではなく、どのように癒やしてほしいか、その方法まで提示しました。カペナウムに「下って来て」息子を癒やしてほしい、そうイエスに求めたのです。その父親は、位の高い役人であったため、人に命令を下すことが習い性となっていました。いつも部下に、ただ命令するだけでなく、その方法についても指示していたのでしょう。この役人の信仰には、イエスに対しても同じことをしてしまったのかもしれません。無意識のうちに、イエスが自分のやり方に従ってくれるなら信じようという思いが隠されていたのでしょうか。

理由がどちらであれ、イエスはここで一つ忠告しておく必要があると思われたのでしょう。イエスは、最初に行った奇跡の出来事において、マリアの無条件の信仰、どんなことでも受け入れる姿勢にお報いになりました。イエスは、「しるしを行うなら信じよう」、「自分の思いどおりになるなら信じよう」という条件的な信仰に対し、注意を促されたのです。条件付きの信仰は、まるで歩道にチョークで描かれた絵のようです。日の光が当たっているあいだは美しいですが、雨にぬれると跡形もなく消え去ってしまうのです。

万が一にもだめだったら？

父親は、イエスの忠告に対して何も答えません。彼はカペナウムに残してきた息子のことが気がかりなあまり、その場にいた人々の思惑など気にも留めていませんでした。ただただ目の前の問題で頭がいっぱいだったのです。「王室の役人はイエスに言った。『主よ。どうか子どもが死なないうちに、下って来てください。』」（同四章四九節）

これほど純粋でまっすぐな訴えはないでしょう。彼の願いはただ一つ、「すぐにでも来てください！」でした。

するとイエスは直ちにこう言われたのです。「行きなさい。あなたの息子は治ります」（同四章五〇節）と。

なんという素晴らしい知らせ！　いや、果たしてそうでしょうか……。イエスは、役人の祈りに鮮やかにお応えになりました。いや、本当のところはどうなのでしょう……。その役人はもう心配する必要がなくなりました。いや、実際はどうだったでしょう……。その人は、一緒にカペナウムに来てくださいとイエスに頼んだのです。ところがイエスは「帰りなさい。あなたの息子は治る」とおっしゃったのでした。

これはその父親にとってまさに正念場となる瞬間、そして長い旅路が始まる瞬間でした。カナでささげた祈りの答えを、カペナウムで間違いなく手にできるのか。それがまだ分からない今、彼は一つの選択を迫られることとなったのです。

その人は、すぐさま踵《きびす》を返し、信仰という名の魔法の絨毯《じゅうたん》に乗り、夢見心地で帰宅したかもしれません。何度もバンザイをし、「息子が死なずに助かった！」、そう叫びながら家路を急いだかもしれません。その晩はまるで赤子のようにぐっすりと眠り、喜びの朝を迎えたのかもしれません。太陽は光り輝き、空は青く澄み渡り、カペナウムにある自宅まで、口笛を吹きつつスキップしながら向かったのかもしれません。

もしそうならば、彼は私よりはるかにすぐれた人です。きっと私なら、イエスのことばに思わず息をのんだでしょうから。目を丸くし、しばらくイエスを見つめた後に、これから戻らなければならない道を振り返り、もう一度イエスに視線を戻してからこう言ったに違いありません。「あのぅ、それ、本当なんですか？　いや、やっぱり私と一緒にカペナウムまで来ていただけませんか。妻の料理の腕は確かです、ええ、それは保証します。あなたを家に連れて帰るって妻に約束したんです。ですので、何とか一緒に来ていただけませんか」と。

家に帰った時、万が一にも息子が快復していなかったらどうしたらいいのでしょう。もう一度あわててカナに戻ったとしても、メシヤがすでに他の村へと去ってしまった後だったら？

しかし、役人はこの時、大きな決断をしたのです。「その人はイエスが語ったことばを信じて、帰って行った」のでした（同四章五〇節）。彼は、イエスのおことばをそのまま信じたのです。

「彼が下って行く途中、しもべたちが彼を迎えに来て、彼の息子が治ったことを告げた。子どもが良くなった時刻を尋ねると、彼らは『昨日の第七の時に熱がひきました』と言った。父親は、その時刻が、『あなたの息子は治る』とイエスが言われた時刻だと知り、彼自身も家の者たちもみな信じた。イエスはユダヤを去ってガリラヤに来てから、これを第二のしるしとして行われた。」（同四章五一～五四節）

しもべたちから良い知らせを受けたその人は、すかさず息子が快復した時刻を尋ねました。答えは第七の時（午後一時）。それは、イエスが「あなたの息子は治る」と言われたまさにその時だったのです。

イエスは、遠く離れた場所から役人の息子を癒やされました。イエスは、子どもの命を死から守るだけでなく、役人の家族全員に救いをもたらすという奇跡を行われたのでした。役人一家の救い、それこそがイエスが真に願われたことではなかったでしょうか。もちろん、身体の癒やしもことばには尽くせないほどの恵みであったでしょう。しかしこの時癒やされたとしても、その子はやがて死を迎えるのです。当時ガリラヤにいた人で、二千年経った今も生存している人は一人もいません。身体の癒やしはいつまでも持続しません。しかし、たましいの救いという奇跡はとこしえに続くのです。役人の家族はこぞって信じ、永遠のいのちを得ることができました。

私たちのプランA、イエスのプランB

今あなたは、カナからカペナウムへと向かう道の途上にいるのではありませんか。ヨハネの福音書に登場する役人のように、心からの祈りをささげ、イエスに助けを求めたにもかかわらず、自分の願うようなかたちで答えが与えられなかった……。そうではありませんか？そして今、あなたは従順という道のりを、一歩また一歩と足を引きずりながら歩みを進めているのではないでしょうか。

この物語のテーマは、「いまだ答えが与えられない祈り」なのです。もしくは「自分が思ったとおりの答えが与えられなかった祈り」。私たちがプランAをイエスに提案したにもかかわらず、イエスからプランBを提示されたら、私たちはどう応えるべきなのでしょう。アパラチアン・トレイルに果敢に挑戦したビル・アーウィンのような勇気と力をどこから得たらよいのでしょう。いつどのように解決が与えられるか分からない中、信仰によって歩むにはどうしたらよいのでしょう。

この問題に触れることで、あなたの心の傷がうずくのではないかと心配しています。あなたにも、きっと「いまだ答えが与えられない祈り」があるでしょうから。仕事がうまくいかない、伴侶が謝ってくれない、がんが転移してしまった……。そんなあなたを想像し、心が痛みます。カナからカペナウムへ続く道をうなだれながら、とぼとぼ歩くあなたの姿を思い浮かべ、悲しくなるのです。人生にはそんな、暗く辛い時がありますね。

キリストは、この地上の苦しみをすべて取り去ることはありません。

いや、そんなことはないと言う人もいるでしょう。神が私たちに約束しているのは、真っ青な空や色鮮やかな虹、温かい陽の光だけなのだと主張する人も。しかし残念ながらそれは正しくありません。聖書を目次から最後の地図に至るまでじっくりと読んでみてください。この世において私たちはすべての痛みや苦しみから守られるとは、一言も記されていないのです。

しかし、聖書は次のように約束しています。「わたしは決してあなたを見放さず、あなたを見捨てない」（ヘブル人への手紙一三章五節）と。

カペナウムにたどり着いた父親は、素晴らしい発見をするのです。イエスの臨在と力が自分の到着に先立ち、すでに目的地に及んでいたことを。たったひとりで道を歩いていると思っていたけれど、実はそうではなかったことを。キリストは人知を超えた方法で先回りをし、役人の家を訪れ、彼の息子を癒やしただけでなく、家族全員のたましいを勝ち取ってくださったのでした。

役人の祈りにイエスは答えてくださったのでしょうか。もちろんです。彼が願ったよりもはるかに優れたかたちで。

あなたの祈りもきっと答えられます。この地上で答えられることもあるでしょうし、あるいは天の御国においてかもしれません。いずれにしても、この物語が私たちに伝えようとしていることは、「苦しむとき　そこにある強き助け」（詩篇四六篇一節）である神に信頼し、人生を歩み続けなさい、ということなのです。

神は、常に「そこにある」方です。「時折」でも、「たまに」でもありません。神は、今は不在なので待ちなさいとか、もう一度連絡しなさいなどとおっしゃるような方ではありません。どんな時も「そこにある」方なのです。

神はあなたのすぐそばにいらっしゃいます。それこそ息がかかるほど近くに。「私はどこへ行けるでしょう。／あなたの御霊から離れて。／どこへ逃れられるでしょう。／あなたの御前を離れて。／たとえ　私が天に上っても／そこにあなたはおられ／私がよみに床を設けても／そこにあなたはおられます」（詩篇一三九篇七、八節）。リハビリ病院にも？　そうです。刑務所の独房にも？　もちろん。たとえあなたが会社の重役室のような立派な場所にいようが、いかがわしく怪しげな場所にいようが、宮廷のような高貴な場所にいようが、あばら屋のような貧しい場所にいようが、必ず「そこに」いてくださいます。「神は私たち一人ひとりから遠く離れてはおられません」（使徒の働き一七章二七節）とあるとおりです。**神は「助け」てくださる方です。**あなたを傷つけるのでもなく、痛めつけるのでもなく、じゃまをするのでもなく、「助ける」ためにそこにいてくださるのです。これこそ、この奇跡の出来事が私たちに教えていることです。

一歩また一歩と

今あなたは、まるで真冬のアパラチアン・トレイルを歩いているような日々を過ごしているのかもしれません。一歩また一歩と足を前に差し出すのもやっとの毎日かもしれない。もしそうだとしたら、私は心からのエールをあなたに送ります。どうか歩みを止めないで。諦めないでください。必ず助けは与えられるのですから。あなたが願うとおりのかたちではないかもしれない、あなたが望むようにすぐにでもないかもしれない。でも、あなたのもとに助けは来る、必ず良いことが起きる、そう信じてください。明日へと開く扉の鍵は、内側にかけられています。その手でドアノブを回し、一歩踏み出すのです。

数年前のこと、私は妻と共にテキサス・ヒル・カントリーにあるジェラルド・ジョーンズの家で食事を楽しんだことがあります。ジェラルド・ジョーンズという名前に聞き覚えはないかもしれませんか、彼の仕事上の名前ジェラルド・ハーヴェイでしたらご存じでしょう。ハーヴェイは、アメリカでもっとも有名な画家の一人です。

彼の家は、ハーヴェイ作品のコレクターにとってまさに夢のような場所です。壁という壁には、ハーヴェイのオリジナル作品が飾られ、どの作品もほれぼれするような完成度です。

家の裏にはアトリエがあり、未完成の作品がいくつも置かれていました。どれも、部分的にしか絵の具が塗られていません。頭のない人の姿、てっぺんの欠けた山など。私は絵画に関しては全くの門外漢ですが、そんな私でも、そのことを画家に指摘するほどの恥知らずではありません。「ジェラルドさん、この木ですけど、もう半分はどうしたんですか」とか「この馬、脚がありませんよ」などと訳知り顔で本人に忠告などしたら、トンチンカンもいいところでしょう。だって、画家はまだその作品を完成させていないのですから。

神も、ご自身の作品をまだ完成させてはいないのです。神のアトリエはこの世界。そしてこの世界の住民である私たち一人ひとりが神の作品です。この世界で起こるすべての出来事は、神が描く大きな壁画のほんの一部分なのです。その作品はまだ完成されていません。「あなたがたの間で良い働きを始められた方は、キリスト・イエスの日が来るまでにそれを完成させてくださると、私は確信しています」（ピリピ人への手紙一章六節）。

この地上の人生において、私たちはカナからカペナウムへと続く道、ささげられた祈りから祈りの答えへの道を、何度も歩くことでしょう。イエスは、病気の息子をもつ父親に、旅の終わりには必ず祝福が待ち受けていると約束なさいました。私たちに対しても同じ約束をくださいます。

いつか天の御国で、この父親に会うことができたとき、私はぜひ尋ねてみたいのです。カナからカペナウムへの道をどんな気持ちで歩いたのか、あの時何を思ったのかと。でも何よりもまず、彼に感謝のことばをかけたいと思います。聖書にこう記されたことに。「その人はイエスが語ったことばを信じて、帰って行った」（ヨハネの福音書四章五〇節）と。

私たちも、その人にならう者となりましょう。コンパスの針を「神の約束」に合わせ、一歩また一歩と、どんなにたどたどしくとも前に進んでいきましょう。イエスが語られる確かなおことば、その約束は、本来帰るべき場所へと私たちを確実に導いてくれるのですから。

第4章

Stand Up, Take Up, and Walk

「起きて、床を取り上げ、歩きなさい！」

はまって動けない

ティモシー・シプリアーニの企みは、実に単純でした。卑劣にも換気ダクトを通ってピザ店に侵入し、レジから金を奪い、再びダクトを通って外へと脱出しようとしたのです。しかしながらその計画は失敗に終わります。ピザの食べ過ぎがたたったか、あるいはダクトの幅が狭すぎたのか、ダクトを後戻りする途中で身体がはまり込み、にっちもさっちもいかなくなってしまったのでした。シプリアーニは、フライヤー調理器の真上で、天井から足をブラブラさせながら助けを叫び求め、駆けつけた警察が彼を助け出すのになんと三十分を要したのでした。

「はまって動けない」というのは、何とも惨めな経験です。中国の安徽省《あんきしょう》にある遊園地のジェットコースターに乗り込んだ十八人の乗客も、きっとそう感じたに違いありません。荒れた天気のせいでジェットコースターがループのてっぺんで停止し、なんと三十分ものあいだ逆さ吊りの状態になってしまったのです。全員救出はされましたが、そのうちの六人が病院に運び込まれる事態となりました。

「もう吐きそう……」って北京語で何て言うんでしょうね。

そう、それから、江蘇省《こうそしょう》のことばで「クサイ!」って何て言うんでしょう。

まさしくそれは、うっかり便器に携帯電話を落としてしまった男性の心の叫び。レスキュー隊が駆けつけると、その人は便器に覆いかぶさるようにかがみ込み、トイレの穴に肩まで腕を突っ込んだ状態でした。男性を助け出すために、とうとう便器を壊さなくてはならない羽目になったのでした。(1)

トイレで電話しようとしたばっかりに、ずいぶんと高くついたものです。

あなたは換気ダクトやジェットコースターや便器にはまってしまったことなど万が一にもないでしょうけれど、にっちもさっちも身動きが取れず、逃げ場のない状態に置かれた経験はきっとあるでしょう。恨みや憤りという沼に沈み、借金という穴に落ち、やっかいな仕事という袋小路に迷い込み、和解不能な対立という湿地に腰まで浸ってしまったことが。ちっとも話を聞いてくれない親、態度を改めない部下、厳しいことばを投げつけてくる上司、しつこく絡みつく依存症を前に、すっぽりとはまり込んだように全く身動きがとれなくなってしまったこと、あなたにもないでしょうか。

ベテスダの池のそばにいた男も、もし今の時代のことばを知っていたら、きっと自分のことを「はまって動けない！」、そう表現したかもしれません。三十八年ものあいだ身体が不自由であったその人は、池の近くに床を敷いて横たわっていました。誰も手を差し伸べてくれないため、彼のもとに希望が訪れることはありませんでした。

彼は、まさに絶体絶命、これ以上ないほど、はまり込んで身動きのとれない状態だったのです。

本当に抜け出したいのか

「その後、ユダヤ人の祭りがあって、イエスはエルサレムに上られた。エルサレムには、羊の門の近くに、ヘブル語でベテスダと呼ばれる池があり、五つの回廊がついていた。その中には、病人、目の見えない人、足の不自由な人、からだに麻痺のある人たちが大勢、横になっていた。そこに、三十八年も病気にかかっている人がいた。」(ヨハネの福音書五章一～五節)

池のそばにある回廊には、目の見えない人、足の不自由な人、希望をなくし意気消沈した人、誰からも疎《うと》まれ見向きもされない人たちが大勢横たわり、次に水が動く時池の中に入ろうと機会をうかがっていました。(2) その光景は、人々の目にとても惨めなものとして映ったことでしょう。

池はかなり大きく、長さが約百十八メートル、幅が約四十九メートル、深さが約十五メートルあり、(3) その周りには病んだ人たちを日差しから守るように五つの回廊がついていました。戦場で負傷した兵士たちのように癒やしを求め、病んで動けなくなった人たちが一人、二人とそこに集うようになっていったのでした。

そのような光景を今日の私たちも目にします。シリアの難民キャンプに身を寄せる栄養失調の人たち。治療が受けられずに道ばたに放置されているバングラデシュの病人たち。誰からも見向きもされない中国の孤児たち。貧しく見捨てられた人たち。歓迎されざる移民たち。彼らは、今も一人、二人と集うのです。セントラル・パークに、メトロポリタン州立病院（訳注・ニューヨーク州ハーレム地区にある公立病院）に、ジョーズバー・アンド・グリル（訳注・格安の大衆居酒屋）にも。それぞれに痛みと苦しみを抱え、身を寄せ合うように群れる人たち。

その人たちの姿を、あなたは思い浮かべることができますか。さらに大切なこととして、彼らのただ中をイエスが歩いている姿を想像できますか。

福音書にあるイエスの助けと癒やしの物語はすべて、そのみわざが、いかにあわれみに満ちていたかを私たちに伝えます。「それからイエスは、すべての町や村を巡って、会堂で教え、御国の福音を宣べ伝え、あらゆる病気、あらゆるわずらいを癒やされた。また、群衆を見て深くあわれまれた。彼らが羊飼いのいない羊の群れのように、弱り果てて倒れていたからである」（マタイの福音書九章三五、三六節）。

イエスは、痛みを覚えている人たちに自ら近づくお方です。その日も、イエスはベテスダの池へと向かいました。イエスは、そこに群れる不幸な人々をどんな気持ちでご覧になったのでしょう。彼らの訴えを耳にしたイエスの心に、どんな感情が渦巻いたのでしょう。すぐそばを歩くイエスの着物の裾を、彼らはすがるように触ろうとしたのでしょうか。イエスは彼らの顔を、いつくしむようにのぞき込まれたのでしょうか。それは悲しく、痛ましい光景でした。しかし、イエスはあえてそのただ中に足を踏み入れたのです。

イエスはこの奇跡物語の主人公である一人の男に目を留めます。その男は、「三十八年も病気にかかっている」（ヨハネの福音書五章五節）人でした。「イエスは彼が横になっているのを見て、すでに長い間そうしていることを知ると、彼に言われた。『良くなりたいか。』病人は答えた。『主よ。水がかき回されたとき、池の中に入れてくれる人がいません。行きかけると、ほかの人が先に下りて行きます。』」（同五章六、七節）

ふつう、病人に向かって「良くなりたいか」などと聞いたりするでしょうか。

私はさかのぼること一九七七年から、病床訪問の働きを続けています。牧会研修の一環として、ミズーリ州セントルイスにあるいくつかの病院を定期的に訪問したのが、この働きに携わった最初です。それ以来私は、教会や老人施設、ホスピス病棟を訪れ、何百、いや何千人もの病人の方々を見舞ってきました。それこそ偏頭痛からはしかに至るまで、さまざまな病の癒やしを祈り、油を注ぎ、天に召されようとしている方の手を握り、時にはささやくように、時には大声で祈り、枕元にひざまずき、聖書を読み、そして心配する家族に寄り添ってきました。でも、今までただの一度も「良くなりたいですか」などと病人に向かって尋ねたことはありません。

なぜイエスは、そんな質問をしたのでしょう。六節にそのヒントがあります。「イエスは彼が……すでに長い間そうしていること」を知ったのです（同五章六節）。その男は三十八年ものあいだずっと病気でした。三十八年と言えば、イスラエルの民が荒野をさまよった年月にほぼ匹敵します。その期間のあまりの長さに、イエスは思わず「良くなりたいか」とお聞きになったのでしょう。

イエスはその時、どんな口調だったでしょう。思いやりに満ちた羊飼いのようだったのでしょうか。同情のあまり声が震え、哀れむようにおっしゃったのでしょうか。その可能性も全く否定はできませんが、私は多分そうではなかったと思うのです。その人が長い間病気であったことをイエスはご存じだったことから、別の可能性を考えています。イエスの問いかけに対する男の答えを見ると、さらにその思いを強くするのです。

「病人は答えた。『主よ。水がかき回されたとき、池の中に入れてくれる人がいません。行きかけると、ほかの人が先に下りて行きます。』」（同五章七節）

それは事実なのか。本当に誰一人助けてくれないのか。いつも他の誰かがあなたより先に水に入ってしまうのか。三十八年ものあいだ、水に入るチャンスはただの一度もなかったのか。手を貸してくれと必死で誰かに頼んだこともないのか。三十八年も時間が与えられていながら、ほんの少しも状況を改善できなかったのか。

イエスはそんな思いから、尋ねる口調も自ずと厳しくなったのでしょう。あなたは良くなりたいと本気で思っているのか。病気のままでもいいと思っているんじゃないのか。いっそこのままここで暮らしたほうが都合が良いと……。皿をそこに置いておけばきっと誰かが小銭を投げ入れてくれて、豆とベーコンくらいなら買えるのだろうから、まんざらでもないだろう。それに、病気が治ってしまったらかえって面倒なことになる。健康になったら、ここを出て仕事を見つけ、働かなくてはならないわけだから。自分の足で人生を歩んでいかなくてはならないのだから。ところで、あなたは本当に良くなりたいのか。

イエスは男の真意をお尋ねになったのです。そして、イエスは私たちにも同じ問いかけをなさいます。

あなたは本当に抜け出したいのか、アルコール依存から、借金地獄から。きちんと教育を受けたいのか。生活を立て直したいのか。肥満を解消したいのか。過去を、不幸な生い立ちを克服したいのか。今より強く、健康に、幸せになりたいのか。あなたは本当にベテスダから立ち去りたいのか、新しい未来や生活に向かって歩み出したいのか。はまり込んでしまった穴からはい上がる覚悟はあるのか……と。

そう、今のあなたにとって大切なキーワードとは、「抜け出すこと」「取り除くこと」「引き離すこと」「解放されること」「手放すこと」。

あなたは、自分で思うより強い

人生に全く進展がないと、私たちは、何かにはまって身動きがとれなくなったように感じます。十年前に起きた不幸な出来事のせいでいまだ苦しんでいる、一年前に生じた不安に今も苛まれている、過去の問題や悪習慣から今も抜け出せない、ベテスダの池がまるで終《つい》の住処《すみか》になったかのように思える、いつも誰かが自分を出し抜いて池の中へと入って行き、誰も手を貸してくれないように感じる……。

それがまさに自分の姿だと思うのなら、この奇跡物語に込められた約束にしっかりと目を向けてほしいのです。イエスはあなたをご覧になっています。ベテスダから抜け出すことができないあなたを。悲しいかな、そのせいで他の人たちからのけ者にされているあなたを。イエスはそんなあなたのもとをまっすぐに訪れてくださいます。そしてあなたをすっかり新しくするために、ベテスダにいた男に放ったことばを、あなたにもおかけになるのです。「起きて床を取り上げ、歩きなさい」(同五章八節)と。

起きなさい。さあ、行動を起こしなさい。手紙を書きなさい。職探しを始めなさい。カウンセラーに面談を申し込みなさい。助けを求めなさい。力を尽くしなさい。そう、立ち上がるのです!

床を取り上げなさい。過去を清算しなさい。酒瓶を棚から一掃しなさい。くだらない小説を捨ててしまいなさい。悪い仲間と手を切りなさい。あなたに悪い影響を与える交際相手とは別れてしまいなさい。携帯電話やパソコンにフィルタリング機能をかけポルノサイトとは縁を切りなさい。負債整理の専門家に連絡を取りなさい。

そして歩きなさい。靴ひもをしっかりと結び、旅立ちなさい。これから良いことが起こるのだと信じなさい。新しい目標を定め歩き出しなさい。勇気を出してはまってしまった穴からはい上がるのです。

この奇跡物語に込められたメッセージに、ぜひ心を留めてほしいのです。イエスを信頼しましょう。イエスもあなたを信頼してくださっているのですから。イエスは、あなたが必ず起き上がり、床を取り上げて歩き出せると信じています。あなたは、自分で思うよりもはるかに強いのです。主は、こう宣言しておられます。「わたし自身、あなたがたのために立てている計画をよく知っている――主のことば――。それはわざわいではなく平安を与える計画であり、あなたがたに将来と希望を与えるためのものだ」と(エレミヤ書二九章一一節)。

イエスは、ベテスダにいた物乞いの男を明るい未来へと導かれました。「すると、すぐにその人は治って、床を取り上げて歩き出した」(ヨハネの福音書五章九節)とあるとおりです。イエスはその人に声をおかけになっただけでしたが、奇跡は確かに起きたのです。

あなたが、起きて、歩く

一九八一年、同じ奇跡がバーバラ・スナイダーの身にも起きました。バーバラは七年ものあいだ歩くことができませんでした。彼女は、高校生の時に体操選手として活躍していましたが、多発性硬化症を発症し、体操を断念せざるをえなくなったのです。まっすぐに歩くことができず、ドアや壁に身体がぶつかるようになりました。発症から十六年間、危機的な状況が何度も訪れました。排便や排尿のコントロールができなくなり、視力をほとんど失ってしまいました。気管切開を受け、病院のベッドにただ横たわる生活を余儀なくされ、やがて余命半年の宣告を受けるのです。二万五千人もの患者の手術を手がけた外科医ハロルド・アドルフも、バーバラは「今まで私が診た中で、もっとも症状の重い患者の一人だ」と語ったほどでした。

そんなバーバラに、キリストのことばが下りました。彼女の友人がムーディ・バイブル・クリスチャン・ラジオ番組に電話をし、彼女が癒やされるよう祈りのリクエストをしたのです。その番組を聞いていた四百五十人ものリスナーが、バーバラの所属する教会に手紙を送り、バーバラの病気が癒やされるよう祈っていることを伝えました。

一九八一年のペンテコステの日、バーバラの伯母がそのうちの何通かを持ってバーバラのもとを訪れました。伯母が手紙を読み上げるのを静かに聞いていたバーバラは、背後から男性の声で「わが子よ、起き上がって歩きなさい！」と呼びかけられるのを聞いたのです。しかし、病室に男性はいません。その場にいたバーバラの友人の一人が、彼女の困惑した様子に気づき、話せるようにと発声用のバルブをはめました。すると、バーバラはこう言ったのでした。「たった今、神さまが私に『起き上がって歩きなさい』っておっしゃったの。本当よ。急いで家族を呼んできて。ここで一緒に見ていてもらいたいの。」

バーバラの家族が病室に駆けつけると、次の瞬間、驚くべきことが起きたのです。バーバラの主治医、トーマス・マーシャルがその時のことをこう語ります。「バーバラは文字どおりベッドから飛び降りて、酸素吸入器を外しました。それまで何年ものあいだ、自分の足で立つことのできなかった彼女が、何の支えもなしにしっかり立っているではありませんか。すっかり目も見えるようになり、……手も足も自由に動かすことができるようになりました。」

その晩、バーバラは、ホイートトン・ウェスレアン教会の礼拝に出席しました。彼女が会堂の中央通路を歩き始めると、会衆は皆そろって拍手をし、聖歌隊の指揮者に促されたかのように「アメイジング・グレイス」を歌い始めたのです。(4)

これをキリストの働きと言わずして何と言いましょう。これこそキリストの奇跡なのです。イエスが介入し、事を起こしてくださいました。しかしそのためには、まずバーバラ自身が信じなければなりませんでした。そして「起きて、歩」かなければならなかったのです。

そう、私も。そして、あなたも。

私がバーバラのこの奇跡の出来事を礼拝の説教で語った後、一人の会衆から手紙が届きました。その年の受難日礼拝の説教で、私は、ある小学校教師が話してくれたエピソードに触れたのです。彼は、生徒たちに、自分にはとてもできないと思うことを紙に書き出してもらい、それらを皆集めて箱に入れ、校舎の庭に埋めたのです。自分にできないことをそのようなかたちで「葬る」ことで、その教師は、生徒たちに、自分たちにできることに心を向けてもらいたいと思ったのでした。

手紙の主は、その時の私の話を思い出したのでした。実は受難日礼拝の数か月前、彼の妻ジャネルががんで天に召されたのです。イースターを迎えようとしていたその週末、彼はいまだ悲しみの中にいました。彼の妻は亡くなる直前、家の庭にポピーの花の種を蒔《ま》いたのですが、とうとう芽が出ることはありませんでした。

彼は、ポピーの種が植えられたその庭に、さらにあるものを埋めることにしたのです。礼拝から帰宅すると、自分にはできないと思うことを一つひとつ紙に書き出しました。「ジャネルの死を乗り越えることができない」、「もう誰も愛することはできない」、「仕事に取り組めない」など。そして土曜日の朝、その紙を妻が花の種を蒔いた辺りに、土を掘って埋めたのでした。その時のことを、彼はこう綴《つづ》っています。「不思議と私の心は軽くなりました。

何とも説明のつかない平安な気持ち、安堵感が心に広がったのです。」

その後いったい何が起きたのでしょう。手紙はこう続きます。

「翌日のイースターの朝、私は、自分にはできないことをリストに記した紙を埋めた場所に行ってみることにしました。そこでしばらく黙想し、短く祈りをささげたいと思ったのです。その場に足を運んだ私は、思わず息をのみました。そこにあったのは、優しい風に揺られながら咲く一本の赤いポピーの花だったのです。花を眺めながら、私は厳かな気持ちに包まれたのでした。(5)」

神は、妻を失い絶望していたその人の心に、希望をよみがえらせてくださったのです。バーバラ・スナイダーの身体を癒やしてくださったように。

今日私にできること

さて、神はあなたに何をしてくださるのでしょう。それは私にも分かりません。奇跡は予知できると主張する人は残念ながら信用できません。神の助けは常に私たちに差し出されていますが、それぞれの状況に応じてユニークであり、独自なものです。神のなさることを人が具体的に予想することはできないのです。私たちにできること、それは、神が必ず奇跡を起こしてくださると信じること、ただ「起きて床を取り上げ、歩く」ことです。

イエスのこのご命令を、私たちは真摯に受け止めなくてはなりません。イエスは、病を癒やされた男を宮の中で見つけると、「見なさい。あなたは良くなった。もう罪を犯してはなりません。そうでないと、もっと悪いことがあなたに起こるかもしれない」（ヨハネの福音書五章一四節）とおっしゃいました。だらだらと元の状態のままでいることは罪です。停滞すること、怠惰でいることは、神に対する深刻な侮辱行為です。

ベテスダにあなたの居場所はもうありません。今までのようなひどい状態の中で寝起きすべきではありません。神は、あなたが後ろのものを忘れ、前に向かって踏み出すことができるよう背中を押してくださいます。神は、未来に向かって前進する方です。その目は明日に注がれています。あなたの人生に新しい一ページを描きたいと思っておられるのです。

ヨハネの福音書に記された男は、三十八年ものあいだ待ち続けましたが、神のあわれみにより、それ以上は一日たりとも無駄にしなくてすみました。しかし、それ以降も無為な生活を送る可能性が実はあったのです。正直なところ、その言い訳のことばを見るかぎり、彼が永久にその状態にはまったままであったとしても不思議ではありません。しかしながら、イエスがその場を訪れ、質問を投げかけたことで、そしてはっきりと命じたことによって、彼自身、このままではいけないという強い確信が芽生えたのでした。

私たちも彼の後に続こうではありませんか。主にこう問いかけてみてください。明日をより良い日とするために、今日私にできることは何でしょうか、と。答えが与えられるまで、毎日問い続けてください。イエスから確かな答えを得たら、勇気を出して踏み出しましょう。

起きて床を取り上げ、歩き出すのです！

第5章

We Can Solve This

必ず道はある！

　こんな話をしたら、私はきっと絶滅危惧種に分類されてしまうのでしょう。特に若い方たちは、私の言うことをずいぶんと大げさだと思うかもしれません。破れたジーンズを格好良くはきこなし、タトゥーをおしゃれの一つとして普通に受け入れている今の若い人たちは、電子メールがこの世界に初めて登場した頃のことを覚えている人間なんて、すでに死に絶えたと思っているでしょう。人はそこまで長生きできるわけがない、あの頃のことを知っている人間なんて生存しているわけはないと。

　いや、実は生存しているのです。そう、この私。神がその証人です。私はその頃のことをよく覚えています。

　通信技術の変革が始まったのは、ちょうど二十世紀最後の十年間あたりではないでしょうか。当時、クリントン元大統領の髪の毛はまだところどころ黒く、車にはカセット・デッキが搭載されていました。私はその頃、電子メールなどほんの一時の流行くらいにとらえていました。きっとスリンキー（訳注・コイル状になったバネのおもちゃ）やスリップ・アンド・スライド（訳注・スライダー付きの家庭用ゴムプール）みたいに一時的にもてはやされるだけで、じきにすたれてしまうだろうと思っていたのです（この二つも私の予想に反しロングラン商品となりましたが）。手紙というのはその名のとおり、手を使って紙に書くものであって、それが電子メールに取って代わる日が来るわけがないと、友人たちと強がっていたものです。

　実は当時の友人たちにもひた隠しにし、そして今初めて告白することですが、私はコンピューターがとんでもなく苦手なのです。もう考えただけで恐怖を覚えるほどに。そう、ニューヨークで迷子になってしまった田舎者みたいに、「ねこふんじゃった」しか弾けないのにベートーヴェン交響曲第五番のピアノ奏者に選ばれてしまったみたいに、太平洋という大海に迷い込んでしまった小魚のように……。実は今も、その恐怖心から抜け出せないでいます。

　あちこち紙だらけであった世界が、ふと気がつけばすっかりペーパーレスの世界へと様変わりしていました。それは、時代の最先端を行く我が教会スタッフが何か月ものあいだ夢見ていた世界。「考えただけでわくわくしませんか、カーソルを動かし、マウスをクリックするだけで、メッセージが一瞬で送れちゃうなんて」、そんなやりとりも確かにありました。

　極度のコンピューター音痴の私は、カーソル《cursor》とは「悪態をつく人《curser》」のこと、モデム《modem》は水洗トイレ《commode》のような何か、そしてマウスとは捕獲したドブネズミのことかと思ったくらいです。私の理解では、ログオン《logging on》とは木こりの仕事の一種（訳注・logは丸太という意味）、モニター《monitor》とは監視人《monitor》で、まさか大学時代の寮の先輩「鬼のノーマン」のような？　なんて具合。

　だいたいインターフェース《interface》ということばが、コンピューター用語だなんて分かるはずもありません。バスケットボールの試合で痛烈なダンク・シュートを決められた時にかけるヤジの類いだと、本気で思っていたくらいです（「顔ごと突っ込みやがれ！」《In your FACE baby!》）みたいな。全くもって時代遅れ《lagging behind》で痛み入るばかりです。(lagging ではなく、logging《ログインする》と言うべきか?)。電気を使わないアーミッシュの台所にポツンと置かれたトースターみたいに、コンピューターの前に座ると、私は何だかとても場違いな気がしてならないのです。いったい何から始めたらよいのか、どこをどう操作したらよいのか、そもそも何が分からないのかさえ分かっていないのですから。

つまりは、すっかり圧倒されてしまって、ぐうの音もでない状態というわけです。

この感覚、あなたにも経験があるでしょう、あまりのことに思考が停止し、なすすべもなく立ちすくんでしまうことが。学ぶべき情報が多すぎて、変化があまりに目まぐるしくて、決断しなくてはならないことがたくさんありすぎて、悲しみが深すぎて、登らなくてはならない山が高すぎて、養わなくてはならない群衆があまりにも多くて……。

イエスと共に山に登った弟子たちも、そうでした。

どだい無理な話

「その後、イエスはガリラヤの湖、すなわち、ティベリアの湖の向こう岸に行かれた。大勢の群衆がイエスについて行った。イエスが病人たちになさっていたしるしを見たからであった。イエスは山に登り、弟子たちとともにそこに座られた。ユダヤ人の祭りである過越が近

づいていた。[1]」（ヨハネの福音書六章一～四節）

ヨハネはここで、過越が近いことを記し、この出来事が起きた季節がいつか、さりげなく私たちに教えてくれます。過越は春に行われるお祭りです。それは、寒さ厳しい一月、二月から、春風がそよぎ野に花が咲き乱れる暖かい三月そして四月へと、季節が移ろう頃のことでした。ヨハネの福音書には、過越の祭りについての記載が三か所ありますが、これがその最初となります。イエスが最後に弟子たちと食事をなさった過越の時から、ちょうど二年さかのぼる春に起きた出来事でした。

ユダヤ人にとって過越とは、かつてエジプトの支配から救い出されたことを喜び祝う祭りです。人々は、いつか再び同じように神が救い出してくださることを待ち望んでいました。次に我々を救出してくれるのは、ナザレ出身のあの奇跡を行う人なのではないか。そう、モーセの再来であるあの人が、約束の地へと我々を導いてくれるのではないだろうか。イエスが奇跡を行い、人々を癒やし、教える姿を見た群衆は、そんな期待を胸に、イエスの後についてガリラヤ湖辺りまでやって来たのです。

しばらくするとイエスは、目の前にいる群衆に食べさせる物が何一つないことにお気づきになりました。彼らが持参した食べ物は底をつき、近くに店もありません。そこに座っていた一万五千人以上もの人々（五千人もの男性、そして女性や子どもたち）がおなかをすかせていたのです。

「イエスは目を上げて、大勢の群衆がご自分の方に来るのを見て、ピリポに言われた。『どこからパンを買って来て、この人たちに食べさせようか。』イエスがこう言われたのは、ピリポを試すためであり、ご自分が何をしようとしているのかを、知っておられた。ピリポはイエスに答えた。『一人ひとりが少しずつ取るにしても、二百デナリのパンでは足りません。』弟子の一人、シモン・ペテロの兄弟アンデレがイエスに言った。『ここに、大麦のパン五つと、魚二匹を持っている少年がいます。でも、こんなに大勢の人々では、それが何になるでしょう。[2]』」(同六章五〜九節)

実際家のピリポは、そこにいる大勢の人々の顔を眺め回し、あちこちから上がるつぶやきを耳にしながら彼らのおなかが鳴る音を想像し、間髪入れずこう答えます。「私たちの手にはとても負えません。財布の金はわずかですし、そもそも予算に計上されていませんし、私たちには何もできません。これほどの人数の食事を用意するなんて、どだい無理な話です」と。

フレデリック・デイル・ブルーナー訳のヨハネの福音書では、「こんなに大勢の人々」という表現が三回も出てきます。
1 イエスの質問「どこからパンを買って来て、こんなに大勢の人々に食べさせようか。」(同六章五節参照)
2 ピリポの答え「こんなに大勢の人々では、一人ひとりがほんの一口ずつ食べたとしても、たとえ何千ドルほどのパンがあっても足りません。」(同六章七節参照)
3 アンデレは少年が持ってきた弁当に目を付けましたが、しかしこう言いました。「こんなに大勢の人々では、それ(五つのパンと二匹の魚)が何になるでしょう。」(同六章九節参照)

イエスはそこに「こんなに大勢の人々」がいることをお認めになりました。ピリポは、「こんなに大勢の人々」を養うことなどできないと初めから諦めてしまい、アンデレは、せっかく良い考えが浮かんだのに、「こんなに大勢の人々」を前にすると、さっさとその考えを取り下げてしまいます。

あなたにとっての「こんなに大勢の人々」とはいったい何でしょう。

それはもしかしたら「こんなにたくさんの汚れたオムツ」、「こんなに多くの宿題」、あるいは「こんなに長い年月」といったごくありふれた問題かもしれませんし、あるいは「こんなに辛い人工透析」、「こんなに重い鬱」、「こんなにたくさんの借金」といった深刻な問題かもしれません。

それが何であれ、私たちはその問題を前にするとたじろぎ、身動きが取れなくなってしまいます。ピリポのように絶望し、アンデレのように、こんなわずかな食べ物など何になるだろうと途方に暮れてしまうのです。

私たちは、ここで弟子たちが何とか信仰を働かせてくれないかと期待します。彼らは、水がぶどう酒に変えられるのを、足のなえた男が歩くのを、実際にその目で見ているではありませんか。「俺たちには無理でも、イエスさまならできる！」そんなふうに気概を見せてくれないものかと思います。しかし、ピリポ、アンデレ、そして他の弟子たちもすっかり気持ちがしぼんでしまいました。彼らは、おなかを空かせた群衆の人数を数え、何とか手に入れた魚とパンの数を数え、財布にわずかに残っていたお金を数えることはしても、肝心かなめのイエスというお方を数に入れることをしなかったのです。

イエスが彼らのただ中におられたというのに。その姿を目にし、その声を聞き、手を伸ばせば触ることも、においを嗅ぐことすらできるほど近くにおられたというのに。それなのに、彼らはイエスに助けを求めようとは全く思わなかったのでした。

それにもかかわらず、イエスは直ちに行動を開始されました。

またとないチャンス

「イエスは言われた。『人々を座らせなさい。』その場所には草がたくさんあったので、男たちは座った。その数はおよそ五千人であった。そうして、イエスはパンを取り、感謝の祈りをささげてから、座っている人たちに分け与えられた。魚も同じようにして、彼らが望むだけ与えられた。彼らが十分食べたとき、イエスは弟子たちに言われた。『一つも無駄にならないように、余ったパン切れを集めなさい。』そこで彼らが集めると、大麦のパン五つを食べて余ったパン切れで、十二のかごがいっぱいになった。(3)」(同六章一〇～一三節)

満腹になった人々が、青々とした野原に手足を投げ出し、まどろんでいる様子が目に浮かびます。半分身を起こし、のんびりとつまようじで歯をつつく人もいれば、辺りかまわず大きなげっぷをする人も。皆、何とも幸せそうです。結局のところ、有り余るほどの食べ物が供され、食べ残したパンを集めてみたら十二のかごがいっぱいになったのでした(それぞれの弟子に一かごお土産を渡せるほど?)。

「こんなに大勢の人々」を養うという、とうてい無理としか思えない試みの結果、すべての人の空腹を満たすという驚くべき奇跡がなされたのでした。翌日のガリラヤ新聞には、「五千人の大宴会!」という見出しが躍り、記事には「あの婚礼での出来事に続き、キリストは前代末聞の快挙を成し遂げた」と記されたことでしょう。これこそ、福音のメッセージそのものではないでしょうか。私たちには不可能でも、イエスには可能なのです。

私たちが何か問題に直面する時、それは、イエスにできないことは何もないことを証明する、またとないチャンスとなります。

もし私たちが、自分の問題を面倒で困った事態としか受け止められないなら、苦々しい思いや怒りしか残りません。しかし、神は私たちがささげたものを何倍にも増やしてくださるのだと信じる機会とするならば、それがどんな小さな出来事であっても大きな意味をもつのです。あなたが今直面している問題は何ですか。手持ちのお金、パンや魚の数を数え、自分には何もできないと嘆く前に、どうか気づいてほしいのです、あなたのすぐそばにイエスがおられるということを！　私たちが何はさておき真っ先に当てにすべきは、イエスなのです。この方こそ、不可能を可能にしてくださる方です。あなたはただ自分が持っているものを差し出し、この方のなさることに注目すればよいのです。

「イエスはパンを取り」（同六章一一節）とあります。本当ならば、イエスはわざわざそのパンを用いなくてもよかったのです。近くの木の茂みを果樹林に変えることも、ガリラヤ湖からたくさんの魚を捕って与えることだってできたはずです。かつてイスラエルの民を養ったように空からマナを降らせることも……。しかしイエスは、少年が差し出したパンと魚をあえて用いたのでした。

さて、あなたが今手にしているそのかごには、何が入っていますか。

小さな祈りでしょうか。迷うことなくささげましょう。簡単なスキルでしょうか。堂々と主のために用いましょう。一言の謝罪のことばでしょうか。ためらうことなく伝えましょう。一歩前に進むことでしょうか。思い切って踏み出しましょう。自分の持っているものは取るに足りないなどと勝手に判断してはなりません。神は、たとえどんなにちっぽけなものでも、それを用いて素晴らしく大きなことのできるお方です。神は、小さな赤ん坊のモーセの泣き声を用いてファラオの娘の心を動かしました。元囚人の曖昧な記憶を用いてヨセフを地下牢から救い出し、宮殿へと導かれました。ダビデが手にした石と石投げを用いて勇士ゴリアテを倒されました。そして三つの釘と一本の荒削りな十字架を用いて、人類を罪から贖《あがな》われたのです。(4) 神は、かごに入ったわずかな食べ物を有り余るほどのご馳走に変えることができるのですから、五つのパンと二匹の魚ほどのささやかなあなたの信仰を用いて、大いなるみわざを成すこともきっとできるはずです。

あなたのかごの魚とパンを

ビディ・チェンバーズも、信仰によって自らの賜物を神にささげた一人です。もし彼女が途中で諦めたとしても、誰も非難できなかったでしょう。たとえ働きを全うできなかったとしても、彼女を軽蔑する者など一人もいないでしょう。ビディが神から託された務めとは、聖書学校の教師であった夫の働きを支えることでした。

チェンバーズ夫妻は一九〇八年に出会い、一九一〇年に結婚してロンドンに居を構え、聖書学校を開校するという目標に向かって無我夢中で働きました。大きな家を購入し、学生や休暇中の宣教師が滞在するための部屋を用意しました。ビディは速記術を身につけていました。彼女はその技術を駆使し、夫の講義内容を丁寧に記録し、通信講座を受ける人たちのためのテキスト作りをしました。

第一次世界大戦が勃発すると、ビディの夫は、エジプトに駐屯している兵士たちを牧会する召命が与えられ、妻と二歳半になる娘を伴って中東に移り住み、チャプレンとして働きました。夫が聖書を教え、ビディはその講義内容を記録。二人は力を合わせて主のわざに励みます。

ところが突然、試練が襲います。ビディの夫が虫垂炎の合併症により四十三歳の若さで召され、ビディは未亡人となってしまったのです。夫をエジプトに埋葬後、ロンドンに戻ったビディは、自らにこう問いかけました。夫がいない今、どのようにその働きを支えたらよいのだろう、聖書を教えるという神からの使命を断念しなくてはならないのだろうか、と。

しかし、ビディは諦めませんでした。自分のかごのパンと魚を、神にささげることにしたのです。彼女は、それまでこつこつと書き溜めた夫の原稿をもとにパンフレットを作り、友人や知り合いに郵送しました。最終的にそれは一冊の本となり、『限りなき主の栄光を求めて』（尾崎富雄訳、いのちのことば社、二〇二一年〈改訂版〉）という題で、一九二七年に出版されました。[5]

その時は、この本が読者にどれほど大きな影響をもたらすことになるか全く想像もできませんでした。古い順で言えば、ビリー・グラハム、ビル・ブライト、ヘンリエッタ・ミアーズも愛読者でしたし、アルコホーリクス・アノニマス（訳注・一九三五年に始まったアルコール依存症から回復するための自助グループ）の設立者であるビル・ウィルソンとボブ・スミスは、集会の始めにこの本を数節読むことを習慣にしていました。ジョージ・W・ブッシュ元アメリカ大統領は、神の導きを得るために繰り返しこの本を読んだそうです。[6]『限りなき主の栄光を求めて』は、やがて千三百万部も売れるほどのベストセラーとなり、三十五以上もの言語に翻訳されました。著者であるオズワルド・チェンバーズの働きは、彼の最初の志をはるかに超えるものとなりました。しかしそれは、妻ビディの忠実な信仰がなければ実現しなかったのです。

ビディは自分の手の中にあるわずかなパンと魚を差し出し、イエスはそれを用いて大勢の人々を養われました。そして今も養い続けておられます。

私たちもビディに続く者となろうではありませんか。

大きな困難に直面しくじけそうになったら、あなたのすぐそばにイエスが立っておられることを思い出してください。あなたはけっしてひとりではありません。必ず助けの手が差し伸べられます。あなたがひるんだとしても、イエスはけっしてうろたえることはありません。あなたにとってどれほど困難で不可能なことでも、神にとっては可能であり、たやすいことなのです。神は、あなたが抱える問題を前にして途方に暮れるような方ではありません。あなたが助けを祈り求める時、そばにいる天使に向かって「ああ、ついに起きてしまったか……。これは手強い、万事休すだな」などと愚痴をこぼすような方ではないのです。

たとえ勝ち目はないとあなたが思っても、神はそうは思いません。自分が手にしているものを神に差し出し、感謝をささげ、あとは神がどう動かれるのか見ていましょう。あなたが手にする祝福はあまりにも多すぎて、それを保存するためのハードディスクドライブを新しく交換しないといけないかもしれませんよ。

第6章

I AM in the Storm with You

「嵐の中、わたしはあなたとともにいる」

十二歳、イエスと出会った聖餐式

私の人生で最も激しい風が吹き荒れたのは、十二歳の時でした。その頃の私は野球やフットボール、自転車に乗って出かけることに夢中でした。好きな女の子の前でドキドキしたり、ちょっと背伸びしてオーデコロンをつけてみたり、動詞と副詞の区別くらいはつく、そんな年頃でした。しかし、思いもかけない出来事からうまく身をかわすにはまだ幼すぎました。私はその年、ある大人の男性から性的虐待を受けたのです。

その男性は、物分かりのよい相談相手を装って私に近づきました。私の近所に住む何組かの家族に取り入ってきたのです。私の記憶にあるその人は、ウィットに富み、親切で魅力的でした。実は彼が少年性愛者であったとは、私に限らずいったい誰が想像できたでしょう。

私たちは、彼の家に呼ばれてハンバーガーをごちそうになったり、トラックに乗せてもらってドライブに出かけたりすることもありました。狩りやハイキングに連れ出してくれたり、人生や恋愛の悩みを聞いてもらうこともありました。私の父ならば買うことを許可しないような雑誌を所有し、けっして忘れることのできない、そして二度と繰り返したくないようなことを私たちに対して行い、私たちにもするよう強要したのです。

ある週末、その男性に連れられて行った野外キャンプでの出来事は、私の心に大きな傷を残しました。彼は、私を含めた少年五人をキャンピングカーに乗せ、キャンプ場へと連れて行きました。テントや寝袋などの荷物の中には数本のウィスキーの瓶が忍ばせてありました。そしてキャンプ場にいるあいだずっとウィスキーを飲み続け、夜が更けると一人ひとりのテントに忍び込み、おぞましい行為に及んだのです。

行為の後、このことをけっして親には言わないよう口止めをされました。そうすることで私たちに罪悪感を植え付けました。このことを秘密にさえすれば、面倒なことに巻き込まれないよう私たちを守ってやると言うのです。

何という卑劣な男でしょう。

日曜日の午後、私は自分がすっかり汚れてしまったようで恥ずかしく、いたたまれない思いで帰宅しました。その朝礼拝に出席しなかった私は、当然のことながら聖餐にあずかることができませんでした。しかし、この日ほど聖餐式が自分にとって必要なのだと、せっぱ詰まって思ったことはありませんでした。そこで、自分一人で聖餐式をもつことにしたのです。夜になって父と母が寝室に退くのを確認すると、台所にそっと忍び込みました。クラッカーはありませんでしたが、昼食の残りのゆでたじゃがいもを見つけました。ジュースもなかったので牛乳で代用することにしました。私はじゃがいもを皿に載せ、ガラスのコップに牛乳を注ぐと、ひとときキリストの十字架の出来事を思い巡らし、自分のたましいが贖われたことに感謝をささげました。

想像をたくましくし、その時の様子を思い浮かべてみてください。そばかすだらけの赤毛の少年が、風呂上がりのパジャマ姿で台所のシンクのそばにたたずむのを。そして指でくずしたじゃがいもをそっと口に入れ、牛乳を飲み、救い主のあわれみにすがるのを。

正統な聖餐式にはほど遠いものでしたが、神はあふれるほどの愛と優しさで、その欠けを補ってくださいました。その時、イエスは確かに私のもとを訪れてくださいました。イエスが大きな愛を携えて、すぐそばに来てくださったのを私は感じたのです。なぜそう感じたのかと尋ねないでください。ただそのことが分かったのだとしか言いようがないのですから(1)。

周りに吹き荒れる雨風がどんなに激しくとも、主はすぐ近くで私に寄り添っていてくださいました。その時、私は生涯忘れることのない大切なことを学んだのです。イエスは、厳しい試練と困難のただ中にある私のもとに、必ず来てくださるのだということを。

私たちは誰でも、嵐の中に放り込まれるような経験をします。困難のない人生などありません。ある時急に空が暗くなり、風が激しく吹き始め、ガリラヤ湖に浮かぶイエスの弟子たちを襲ったような激しい嵐に巻き込まれてしまうことは、誰にでもあるのです。

「わたしだ。恐れることはない」

「夕方になって、弟子たちは湖畔に下りて行った。そして、舟に乗り込み、カペナウムの方へと湖を渡って行った。すでにあたりは暗く、イエスはまだ彼らのところに来ておられなかった。強風が吹いて湖は荒れ始めた。」(ヨハネの福音書六章一六〜一八節)

風に翻弄され今にも沈みそうな舟のように、弟子たちも絶望の淵に追い込まれました。身体はぐっしょりとぬれ、声はかすれ、恐怖のあまり目は大きく見開かれたままです。雲の隙間から少しでも空を垣間見れないかと必死で天を仰ぎ、波にさらわれないよう舟にしがみつき、助けを願って声を張り上げて祈るものの、天の声はおろか自分の声すら聞こえない始末。

イエスが舟に乗っていてくれたら……。せめて岸にとどまるよう忠告してくれたらよかったのに。しかし舟にイエスはおらず、しかも舟に乗って向こう岸に行くよう命じたのはイエス自身でした（マタイの福音書一四章二二節）。そしてその結果がこの惨事です。

弟子たちは疲れ果ててしまいました。それもそのはず、彼らは「二十五ないし三十スタディオン（約四～五キロ）」（ヨハネの福音書六章一九節）もの距離をひたすら舟を漕ぎ続けていたのですから。波に乗れば一キロ進むのに三十分もかからないでしょう。しかし正面から風や波を受けながら進むのは至難のわざです。彼らは夕方出発したにもかかわらず夜明けが近い頃になってもまだ舟を漕いでいるありさまでした（マルコの福音書六章四八節）。流れるプールで何もせず、ぷかぷかと浮きながら前に進んでいたわけではないのです。苦しくあえぎながら、波間を激しく上下する舟を必死で制御し、恐怖におののきつつも、何とかオールを前後に動かしていたのです。きっとこんなやり取りも聞こえてきたことでしょう。

「だめだ、もうこれ以上は無理だ！」

「ちくしょう、このままじゃ、みんな溺れ死んでしまうぞ。」

マタイは、その時の状況をこう記しています。「舟はすでに陸から何スタディオンも離れていて、向かい風だったので波に悩まされていた」（マタイの福音書一四章二四節）と。彼らは岸からあまりにも遠く、あまりにも長く悪戦苦闘し、激しい波を前にあまりにも無力でした。

しかも、イエスの姿はどこにもありません。これほどまでに危険で恐ろしく、まるで神の呪いを受けたかのようなひどい嵐の中に放り込まれるような経験を、あなたはしたことがあるでしょうか。

岸からあまりにも遠い……。問題を解決するにはほど遠い状況。

あまりにも長く悪戦苦闘……。いつまでも続く法廷闘争、入院、友人の不在。

激しい波の前にあまりにも無力……。あまりにもちっぽけで孤独な自分。

嵐は弟子たちを翻弄します。

そして人生の嵐も、私たちの自由を奪い、支配しようとします。私たちに激しい雨や突風を止める力がないように、人生に吹き荒れる嵐を止める力はありません。何とかして結婚を破綻から守りたいとあなたが願っても、相手はそう思っていない。反抗的な子どもを立ち直らせたいといくら頑張っても、うまくいかない。健康維持のためにいくら努力したとしても、いつウイルスに感染するか分からない。嵐はいとも簡単に私たちを襲い、のみ込み、いつ果てるとも知れません。

しかし、その時、思いもよらないことが起こります。弟子たちは「イエスが湖の上を歩いて舟に近づいて来られるのを見」たのです（ヨハネの福音書六章一九節）。

聖書の記述があっさりしすぎていて、この時の状況がどうだったのか、もう少し詳しい説明がほしいところです。ヨハネには思わずこう言いたくなりますね。「ちょっと待ってください、ヨハネさん。先を急がないでもう少しこの時の様子を教えてください。だいたい人が水の上を歩くなんてありえないでしょう？　岩や泥、砂の上なら分かりますけど、湖の上を歩くなんて。その時、イエスさまの髪の毛は風で乱れていましたか？　イエスさまの足はくるぶしまで水に浸っていたのでしょうか？　衣はぬれていましたか、それとも渇いていましたか？」私たちの意に反し、ヨハネはただこう記すのみなのです。弟子たちが「イエスが湖の上を歩いて……来られるのを見」たと。

私たちが知るべきことはただ一つ、そのことだけなのです。イエスは嵐を鎮めるよりも先に、まずは嵐のただ中にいる私たちのもとに来てくださる、ということです。

弟子たちのもとに到着したイエスは、彼らにこう声をおかけになりました。「わたしだ。恐れることはない」（同六章二〇節）と。

嵐を免れることよりも

この聖句を元の言語に忠実に訳すとすれば、「わたしはある。恐れることはない」となります。「わたしはある」とは、まさに神のお名前そのものです。もし神が名刺を持っておられたとしたら、そこには「わたしはある」と印字されているはずです。モーセが燃え尽きない柴を見た時以来、神はご自身のことを「わたしはある」と名乗っておられるのです（出エジプト記三章一四節）。このお名前そのものに、神の不変、そして力が表されています。

私たちが神は本当に来てくださるのかといぶかしむとき、神はご自身のお名前「わたしはある」をもって応えてくださいます。私たちが神の力を疑うとき、神は「わたしはある！」と宣言なさいます。私たちが暗闇しか見えないとき、疑心暗鬼になっているとき、神から見捨てられたように感じるとき、イエスは、私たちを温かく迎え入れるように「わたしは、『わたしはある』という者だ」と声をかけてくださるのです。

しばし立ち止まり、「わたしはある」と名乗られる神の御声に耳をすませましょう。あなたが今最も必要としているのは、神が共にいてくださることです。すぐさまこの嵐が過ぎ去ってほしい、この風が止んでくれさえすればいい、そう思っているかもしれません。しかし、そんなあなたの本当の願いは、真に必要なことは、あなたが知るべきことは、「わたしはある」という偉大な方が、あなたのすぐそばにおられるということなのです。

イザヤ書四三章に記された神の約束に心を留めましょう。

「恐れるな。わたしがあなたを贖ったからだ。
わたしはあなたの名を呼んだ。
あなたは、わたしのもの。
あなたが水の中を過ぎるときも、
わたしは、あなたとともにいる。
川を渡るときも、あなたは押し流されず、
火の中を歩いても、あなたは焼かれず、
炎はあなたに燃えつかない。
わたしはあなたの神、主、……
恐れるな。
わたしがあなたとともにいるからだ。」（イザヤ書四三章一～三、五節）

私たちはむしろ、嵐を免れることを望みます。たとえ嵐がやって来たとしても、できる限り穏やかに過ぎ去ってほしいと願い、早くそこから救い出されたいと思うのです。希望の大学への道が閉ざされたことでさらに良い大学へと導かれるように、仕事がクビになったことで解雇手当が入り、さらに条件の良い職場へと道が開かれるように、夫婦間のいがみ合いが一転恋人時代のロマンティックな関係に戻るようにと願うのです。

もちろんそのように導かれることもあります。

しかし、たとえそうならなかったときも、あなたが混乱の中にどっぷりとはまり込んでしまったときも、イエスはご自身の名前をあなたに告げ、「恐れることはない」と語りかけてくださいます。

それこそ、まさに弟子たちの体験したことでした。彼らがイエスを舟に迎え入れると、すぐに目的地に到着したのです。「それで彼らは、イエスを喜んで舟に迎えた。すると、舟はすぐに目的地に着いた」(ヨハネの福音書六章二一節)。

私たちも弟子たちにならう者となりましょう。今あなたが直面している困難のただ中にイエスをお迎えするのです。

嵐のような試練が襲うとき、自分の判断や力に頼るのではなく、天を仰ぎましょう。

あなたは闘わなくていい

二〇〇八年四月二十一日のこと、キャサリン・ウルフは重い脳卒中を起こし突然倒れてしまいます。幸い一命を取りとめたものの、歩くことも話すこともままならず、人の助けなしに生活することができなくなりました。カリフォルニアで売れっ子モデルとして活躍していたキャサリンは、一転、車椅子の生活を余儀なくされます。十一回にもわたる手術、辛いリハビリに耐える日々……。すべてを諦め、放り出したいと何度思ったことでしょう。発症してから七か月経った感謝祭の前日も、そんな思いにとらわれました。その時のことを彼女はこう述べています。

「ジェイ（キャサリンの夫）や義姉たちが、賑やかに笑い声を上げながらジェイムズ（キャサリンの幼い息子）を高く持ち上げてあやしたり、一緒に走り回って遊んでいる姿を見ていた私の心に、深い絶望感が襲いました。私はといえば、首の力が弱く、自力で頭を上げることすらできないというのに……。

さまざまな疑問が頭をよぎります。神さまは、間違いを犯してしまったのかしら。……自分の小さな台所でラザニアでも何でも作れた私が、こんなふうにおなかのチューブから栄養を入れなければならなくなるなんて……毎日取っ替え引っ替えきれいな洋服を着ていたのに、今では大人のオムツに病院服……本当はあの時天国に行くべきだったんだ……。そうしたらみんなこんなに苦しまないですんだのだもの。」

キャサリンは計り知れないほど多くのものを失ったのでした。ある時を境に、彼女の世界は百八十度変わってしまったのです。しかしその時、果てしなく沈みそうになる彼女の心に、神が語りかけてくださったのです。
「そんな悲しい独り言で私の心と頭がいっぱいになってしまったまさにその時、幼い頃から親しんできたみことばが鮮やかに心によみがえってきました。まるで神ご自身が直接語りかけているかのように、聖書の真理が強く心に迫ってきたのでした。

『キャサリン、あなたはわたしの間違いの結果などではない。**わたしはけっして間違いなど犯したりしないのだから**。わたしはすべてを知っている。しかしあなたの知っていることはほんのわずかだ。神はわたしなのであって、あなたではない。あなたを母の胎で唯一無二の素晴らしい存在に形造ったのはわたしなのだ……。

このことにはちゃんとした目的があるのだよ……。

だからわたしに信頼しなさい。あなたのために**すべてのこと**を働かせて益とするのだから。今闇の中にいるからといって、わたしのことばをけっして疑うことのないように。

光の中で真実なことは、闇の中でも真実であることに変わりはない。

あなたには闘う力がないことをわたしは知っている。それでもちっともかまわない。あなたはただ静かにして、代わりにわたしが闘うのを見ていなさい。わたしは、あなたに新しいいのちを吹き込んだ時に始めた良い働きを、必ず完成させる。わたしは贖い、回復させ、力づける者である。あなたが今通っているこの苦難は必ず終わる。しばらくのあいだ苦しみの中を通るが、わたしは必ずそこからあなたを連れ出す。……わたしがあなたを選んだのだ。わたしがあなたに与えたこの特別な召しを受け入れ、今をしっかり生きなさい。』

聖書の真理が次々と心に迫りくるのを感じながら、私は不思議な体験をしました。人生のどん底にいた私のもとに、神が訪れてくださったことがはっきりと分かったのです。これからは力強く歩んでいこうと、新たな決意がみなぎるのを感じました。依然ひどい痛みの中にありましたが、突然晴れやかな気持ちになったのです。その瞬間すべてが変わりました。心に希望が訪れたのです。今地上で私がまとっているこの身体は仮のものにすぎないことを、心の奥底で悟ったのです。こんな状態になっても、私のたましいは傷一つないのだから、心くじける必要はないのだと。身体がうまく動かない、ただそれだけのことなのだと(2)。」

あなた一人の力で嵐を鎮めようと奮闘しなくてもよいのです。オールを漕ぎ、入り込んだ水をくみ出しつつも、今にも沈みそうなその舟に、とにかくイエスを迎え入れましょう。あなたはけっしてひとりではありません。奇跡を働かれるイエスがあなたに目を留め、あなたのことを心配し、助けに駆けつけてくださるのです。そしてその苦境から贖い出し、顔の水滴を拭い取る間もないほどすぐにあなたを目的地へと送り届けてくださいます。

神は今も変わらず「わたしはある」という名の偉大なる方です。嵐の中、岸がどこにも見当たらない湖上にいたとしても、必ず私たちのもとに来てくださいます。

「助けはどこから来るのでしょう」そんな祈りをしたくなるとき、「わたしだ。わたしが共にいるのだ。恐れることはない」と語りかけてくださるイエスの御声に耳をすませましょう。

第7章

He Gives Sight to the Blind

見えるようにしてくださる主

四十一節を費やす物語

当時私は、自分の視力に何の問題も感じていませんでした。小学五年生の他の同級生たちも、私の目に映っているのと全く同じもの、ぼやけた白い線の羅列を黒板に見ているのだと信じて疑いませんでした。他の子たちも、野球の球がピッチャーの手を離れたとたん、そしてフットボールの球が勢いよく蹴られたとたん、スッと目の前から消えたように見えなくなり、間近に迫ってくるとまた姿を現すのだと思っていました。ですから、みんなも自分と同じように、バットを振るのも球をキャッチするのも、勘に頼っているのだとばかり思っていたのです。

私はかなり視力が悪かったものの、そのことにちっとも気づかなかったのです。はっきり見えるという経験を一度もしたことがなかったからです。

しばらくして、担任のコリンズ先生から連絡を受けた母が、私を眼科に連れて行きました。病院で、私は、まず表に書かれた文字を読むよう指示されました。次に眼鏡を渡され、それをかけてもう一度文字を読むように言われました。もう、その時の驚きといったら！ 眼鏡をかけたとたん、それまでまるで産毛が生えたようにぼやけていた線が、くっきりと浮かび上がって見えたのです。野球の球も以前よりも大きく見えるようになり、フットボールの球をキャッチするのも格段に楽になりました。

あの時の喜びは、今も忘れることができません。私は、教室で眼鏡を上げ下げしながら、不明瞭な世界と鮮明な世界、ぼんやりした人の影と細部までくっきり見えるクラスメートたちの顔のその差に、信じられない気持ちでいっぱいでした。そう、私は突然「見える」ようになったのです！

私たちも、クリスチャンになった時の気持ちを、突然見えるようになった喜びにたとえることがあります。私たちのよく知る古い賛美歌にこんな歌詞があるでしょう。「なんという驚くべき恵み！　私のような惨めな者が救われるなんて。かつては盲目であった私も、今では見える者となりました」[1]（訳注・「アメイジング・グレイス」）。盲目……。そうです、人生の目的が全く見えていなかった私たち。永遠のいのちの約束も、いのちの与え主がどなたであるかも。しかし、今や私たちは「見える」者とされました。この賛美歌を聴くと、私たちは、ヨハネの福音書に登場する目の見えない物乞いの物語を思い出すのです。「私は盲目であったのに、今は見えるということです」（ヨハネの福音書九章二五節）。

この物乞いの物語は、私たち自身の物語です。ヨハネが大きく紙面を割いてこの物語を記したのはそのためでしょう。ヨハネは、実に詳細にこの時のことを記録しているのです。水がぶどう酒に変えられた奇跡については十二節分、ベテスダの池での男の癒やしについては十五節分、五つのパンと二匹の魚で群衆が養われた話は十四節分、そしてイエスが湖の上を歩かれた出来事についてはたったの六節分しかありません。しかし、ヨハネは、生まれた時から目の見えない人が癒やされたこの物語については、パピルスに向かってペンを取り、じっくりと時間をかけながらその時の状況を詳しく書き記したのです。イエスがどのようにその人を見つけ、癒やし、成長に導いたのかについて、なんと四十一節にわたって記しました。

イエスはあなたを見つけ出す方

それはなぜなのでしょう。その理由の一つとして考えられるのは、イエスは、物乞いの目を癒やされたように、私たちのたましいを癒やしたい、つまり私たちの心の目を開いて、見える者となるようにしたいと願っておられるからでしょう。

神が天からご覧になったこの地上は、「目」の見えない人たちであふれています。野心やおごり、成功に目がくらみ、大切なものが見えなくなってしまっています。マタイの福音書一三章一三節に「見てはいるが見ず」とあるように、人生の意味、神の愛が見えないのです。この世界の混乱や混沌の原因はそこにあります。私たちの世界に常に戦争の危機や飢餓がはびこり、この世に生まれることができずに闇に葬られる命が後を絶たないのはそのせいです。また自殺者(2)、薬物依存症患者(3)が増え続けている原因もそこにあるのではないでしょうか。年々飛行機の速度が増し、スマートフォンもどんどんスマートになり、人工知能なども登場する一方、私たちは依然互いに銃で殺し合い、麻薬で命を縮めています。

数え切れないほどの人たちが「盲目」なのです。「この世の神が、信じない者たちの思いを暗くし、神のかたちであるキリストの栄光に関わる福音の光を、輝かせないようにしているのです」（コリント人への手紙第二　四章四節）。私たちには、心の目を癒やす専門医が必要です。イエスがエルサレムにある通りで、一人たたずむ盲目の物乞いになさったのと同じことを、私たちもしていただく必要があるのです。

ヨハネの福音書九章一節に、「イエスは通りすがりに、生まれたときから目の見えない人をご覧になった」とあります。イエスの他は、誰もその人に目を留めようともしませんでした。弟子たちの視界にあるいは入っていたのかもしれませんが、彼らは正面からその人を見ることはしなかったのです。

弟子たちにとって、その人は神学的な問題を提起するきっかけにすぎませんでした。「弟子たちはイエスに尋ねた。『先生。この人が盲目で生まれたのは、だれが罪を犯したからですか。この人ですか。両親ですか』」（ヨハネの福音書九章二節）。彼らにとってその人は、信仰について理解を深める機会を与えてくれる存在でしかなかったのです。その人を一人の尊い人間として見ることをせず、話のたねとして用いたのでした。

しかしイエスは、その人が生まれた時から目が見えず、一度も朝焼けを眺めたこともなく、紫色とピンク色の区別もつかず、人生のほとんどを漆黒の闇の中に生きてきたことをご覧になりました。同年代の男たちが生きる術を身につけ自力で報酬を得ている時に、彼はただ道ばたに座り込み、人のあわれみにすがって物乞いをするしかありませんでした。他の人たちが希望に胸を膨らませている時、彼には絶望しかありませんでした。

そんな彼に、イエスは目をお留めになりました。

イエスは、あなたにも目を注いでおられます。この物語からまず第一に学ぶべき大切なことは、イエスは、私のこともあなたのことも、見過ごすことなく、目をそらすことなく、ちゃんと見ていてくださるということです。私たちは時に、自分がまるで社会に埋もれる名もない物乞いのような気持ちになることがありますが、この物語は（聖書にある他の物語と同じく）、イエスがそんな私たちを見つけ出してくださる方であることを教えてくれます。イエスのほうから率先して、私たちに手を差し伸べてくださるのです。

「イエスは答えられた。『この人が罪を犯したのでもなく、両親でもありません。この人に神のわざが現れるためです。わたしたちは、わたしを遣わされた方のわざを、昼のうちに行わなければなりません。だれも働くことができない夜が来ます。わたしが世にいる間は、わたしが世の光です。』イエスはこう言ってから、地面に唾をして、その唾で泥を作られた。そして、その泥を彼の目に塗っ」た。（同九章三〜六節）

不快で嫌な方法

さて、ここで聖書にはおよそ似つかわしくないことが書かれています。イエスがペッと唾を吐く姿なんて、ちょっと想像できません。そっと祈りをささげるほうが、よほどイエスらしいと思いませんか。あるいは「ハレルヤ！」と大声で叫ぶとか。天からマナを降らせ、火を注がれた神であるイエスが、ガッと喉を鳴らし地面に唾のかたまりを吐き出すなんて……。しかもイエスは、まるで絵描きがキャンバスに絵の具で円を描くように、ご自分の唾を泥でこね、それを男の目になすりつけたのです。

もし私たちに他の選択肢が与えられるとしたら、目に泥を塗るよりもっと他のやり方を願うに違いありません。白い鳩を飛ばすとか、美しい虹をかけるとか。もちろん神はそのような方法を用いることもありますが、この物語のようにおよそ好ましいとは言いがたい手段をお取りになることもあるのです。イエスは、こんな「不快で嫌な経験」、たとえば解雇、失望、孤独を通し、奇跡を起こされることがあります。

私も、そんな苦い中を通されることによって「目が開かれた」経験があります。一九八三年、私は妻ディーナリンと共にブラジルに渡りました。私が三十歳、ディーナリンが二十八歳の時です。新米宣教師として、私たちは希望に胸をふくらませ、意気揚々と任地に赴きました。私たちは教会を、それも素晴らしい教会を築くつもりでいました。何千人もの人々が回心し、長きにわたって礼拝がささげられる、そんな教会を建て上げることを夢見ていました。しかし、若さゆえに無知で世間知らずの私たちは、着任してしばらくすると、急に故郷が恋しくなりました。現地のことばをなかなか習得できず、コパカバーナの海岸で裸同然の姿で水遊びをする人々の様子にカルチャーショックを受けました。ブラジルの人たちは親切で人当たりはよいのですが　ことば遣いのぎこちない青い目をしたよそ者の言うことになど、てんで興味がないのです。

月日はあっという間に流れ、一年経ち、二年が経ちました。その間教会は全くと言ってよいほど成長せず、いつまで経っても働きが実ることはありませんでした。

私たち宣教チームは、戦略や方向性をめぐってずいぶんと議論を重ね、意見を戦わせました。建物を買うというのはどうだろう、いや、ラジオ番組を始めるべきでは？　いっそのこと路傍伝道をやってみては？　等々。そうこうするうちに、同僚のある一言で解決の糸口が見えたのです。彼は、私たちが福音を全く語っていないとはっきり言い放ちました（そんなことがあり得るでしょうか?）。まずは宣教師である私たちが、共に集って聖書を開き、心を開き、福音の中心メッセージは何なのかもう一度しっかりと確認すべきなのではないかと、強く勧めてくれたのでした。私たちはそのことばに素直に従いました。それから数週間、私たちは月曜日の午後に集まり、聖書を繰り返し何度も読みました。宣教チームの他のメンバーがどうであったか知りませんが、少なくとも私には明確に見えてくるものがありました。

聖書の中で一番大切な知らせとは何か、もっとも価値のあるメッセージとはいったい何なのか……。それはイエスが私の罪のために死に、よみがえられたこと。それ以上でも以下でもない。そのことがはっきりと分かったのです。

それはまるで望遠鏡のレンズの焦点をぴったりと対象に合わせて見たときのような感覚でした。目からうろこが落ちたように、はっきりと鮮やかに見るべきものが見えたのです。私たちは福音のメッセージを明確に語り始めました。すると、私たちの小さな教会は急激に成長し始めました。いや、それ以上に、私たち自身が成長し始めたのです。以前よりも神の恵み、愛、希望を深く理解できるようになりました。この時期に私は『イエスが救い主と呼ばれる理由（*No Wonder They Call Him the Savior*）』を執筆しましたが、三十年経った今も、この本は私の著作の中で最も多くの人に読まれている一冊です。イエスが、日ごとにくすしいわざを成してくださったとしか言いようがありませんでした。

そしてそれはすべて、恐れ、フラストレーション、そして失敗、つまり目の中にすり込まれた泥に長く悩まされたことから始まったことなのです。

あなたも同じような状況に置かれたことはありませんか。もしそうならば、イエスはあなたから遠く離れ、あなたの苦しみに無関心だとはけっして思わないでください。全くの正反対なのですから。イエスは、その辛い状況を通しあなたの前にご自身を現そうとしているのです。あなたにご自身を見てほしいと願っているのです。この盲目の物乞いにも、その目で自分を見てほしい、イエスはそう思われたのです。

イエスは物乞いに、「行って、シロアム（訳すと、遣わされた者）の池で洗いなさい」（ヨハネの福音書九章七節）と言われました。シロアムの池の水は、地下から湧き出る泉から「遣わされた（訳注・sent 送られた）」ものでした。ヨハネはここで、さりげなく大切なことを示唆しているのです。つまり、イエスが天の父から遣わされた方であるということを。イエスが「遣わされた方」であることを記す箇所は、ヨハネの福音書の中で二十箇所以上見つけることができます。[4] 私たちも「見る」ことができるようになるために、「シロアム」、つまり天から遣わされた方であるイエスのもとに行かなくてはなりません。

シロアムの池へたどり着くためには、五段からなる石造りの階段を三箇所にわたって降りて行かなくてはなりませんでした。[5] これは普通の人であっても楽ではありません。ましてや目の見えない人にとってはどれほど大変なことであったでしょう。しかし、物乞いであったその男は、あちこち手探りをしながらも何とか池にたどり着き、池のへりにかがみ込み、手で水をすくって目を洗ったのでした。すると、水面にさざ波が立ち陽の光を受けてキラキラと輝く光景が目に飛び込んできました。次に見えたのは開いたり閉じたりする自分の指。もうひとすくい目にパシャリと水をかけると、両側に立つ人々の姿も見えてきました。こうして目を洗うたびに、少しずつ視界がはっきりしてきたのです。

よく「キリストに従う者となるためには何が必要か」と問う人がいますが、この物語にその答えがありません。物乞いの男は、処女降誕のことも、山上の教えも知りませんでした。イエスに従うことに伴う犠牲についても、聖霊についても何も分かっていませんでした。彼が知っていたこと、それはイエスと名乗る男が唾で泥をこね、それを自分の目に塗り、目を洗うよう命じたこと、それだけでした。見えるようになったのは、彼がそれを受けるに価したからでも、努力で勝ち取ったわけでも、自分の力でその方法を発見したからでもありませんでした。ひとえに「見えない目を開」(イザヤ書四二章七節)くために遣わされた方を信じ、そのことばに従ったからなのです。

今も繰り返される奇跡

その時から現在に至るまで、同じことが繰り返されています。イエスは今も「盲目」の人々を探し出し、その目を見えるようにしてくださいます。

イエスはそのことを、「目の見えない人には目の開かれることを告げ」る(ルカの福音書四章一八節)宣教の働きを通して行われます。

使徒パウロが異教徒のもとに遣わされたのは、「彼らの目を開いて、闇から光に、サタンの支配から神に立ち返らせ」るため(使徒の働き二六章一八節)でした。

キリストは私たちに光を与え、この目を見えるようにするために来られたのです。

現在、キリストはイスラム教の世界にどのように働きかけておられるのでしょう。

「クリスチャンになったイスラム教徒の数は、マホメットの時代から千四百年のあいだよりも、ここ数十年間のほうが多く[6]」、また、「キリスト教に改宗したイスラム教徒の三人に一人が、救いを経験する前にある夢または幻のようなものを見ている[7]」のです。

リー・ストロベルは、その著書『奇跡について（*The Case of Miracles*）』に、現代のイスラム教徒が見る夢や幻について調査しているトム・ドイルへのインタビューを載せています。ドイルによると、イスラム圏において、夢や幻の中で同じ男性の姿を見る人が後を絶たないというのです。白い衣をまとい、彼らを愛し、彼らのために命を捨てたことを伝え、そして自分に従いなさいと勧めているイエスの姿です。それは、シリア、イラン、イラクで実際に起きているそうです。エジプトでは、そのような夢を見る人が頻出しているため、キリスト教伝道団体が共同で新聞にある広告を掲載したそうです。広告の文面は次のとおり。「あなたの夢に白い衣を着た男性が登場しませんでしたか。もしそうでしたら、その人はあなたに大切なことを伝えようとしています。〇〇にお電話ください[8]。」

世界に住むイスラム教徒の半分が文盲のため、イエスは夢や幻を通して、彼らに働きかけているのではないかとドイルは説明しています。イスラム教徒のうち八十六パーセントの人たちが、クリスチャンの知り合いをもたないため、イエスが直接彼らと接触しているというのです[9]。

イエスは、霊的に盲目の人を熱心に追い求めるお方です。この地上はたましいの目が曇ってしまった人であふれています。イエスはその一人ひとりを見つけ出し、その手で触れてくださいます。時には夢や幻、あるいは友の優しさ、礼拝で語られる説教、または創造されたこの世界の輝きを通して。イエスは目の見えない者の目を開くために、この世に来られました。このことをしっかりと心に刻んでほしいのです。

目を開くという奇跡のわざは、イエス・キリスト特有のものです。旧約聖書には、盲人が見えるようにされたという話は一つも記されていません。新約聖書にはそのような話はたくさんありますが、一つの例外を除き、その癒やしのわざはすべてイエスによってなされています。まるで、イエスが、盲人の目を癒やすという奇跡のわざを、特別にご自身のために取っておかれたかのように[10]。

「主よ、信じます」

目が癒やされた物乞いは、ご存じのとおり、その後さまざまな人たちから拒絶されます。近所の人たちは彼のことばを信じませんでしたし、パリサイ人たちは彼を追い出しました。さらには親からも見放される始末でした（ヨハネの福音書九章八、九、二〇、二一、三四節）。

哀れなその人は、何も見えない状態から、拒絶以外何も見ることのできない状態へ移されただけでした。エルサレムで、「盲人」は彼だけではなかったということです。パリサイ人たちは説明を求めて彼を呼びつけました。

「彼らは言った。『あの人はおまえに何をしたのか。どのようにしておまえの目を開けたのか。』彼は答えた。『すでに話しましたが、あなたがたは聞いてくれませんでした。なぜもう一度聞こうとするのですか。あなたがたも、あの方の弟子になりたいのですか。』彼らは彼をののしって言った。『おまえはあの者の弟子だが、私たちはモーセの弟子だ。神がモーセに語られたということを私たちは知っている。しかし、あの者については、どこから来たのか知らない。』」（同九章二六～二九節）

パリサイ人たちの心は非常に狭く偏っていました。まさに奇跡としかいいようのない出来事があったというのに、それを起こした本人に会おうともしないのです。せめて驚くくらいしてもよいのに、彼らは、自分のこと、自分が信じている宗教のことしか眼中になかったのでした。この物語に登場する本当の盲人は、果たして誰であったかお分かりでしょうか。

チャールズ・スポルジョンはこう述べています。「キリストと私たちのあいだを隔てるのは、私たちの小ささではなく、私たちの立派さです。私たちの弱さではなく、私たちの力なのです。そう、私たちの暗さではなく、本来ならばキリストの御手の中にあるはずの光を私たちが手にしていることなのです(11)」と。

真実に目を向けようとしなかったパリサイ人たちは、「彼を外に追い出し」ました（同九章三四節）。見えるようになった物乞いは、誰にも擁護されることなく、会堂の外に力づくで追い出されてしまったのです。すると、「イエスは、ユダヤ人たちが彼を外に追い出したことを聞き、彼を見つけ出」（同九章三五節）しました。イエスは、誰からも見放されたこの人をそのままにして立ち去ることはなさいませんでした。イエスは、私たちにも同じようにしてくださいます。イエスはご自身を信じる者に、こう約束しているからです。「だれも彼ら（私たちのことです！）をわたしの手から奪い去りはしません」（同一〇章二八節）と。

あなたのことなど知らないと見放す人がいるかもしれません。家族からも拒絶されることがあるかもしれません。所属していた宗教団体から追い出されることも、あるいはあるかもしれません。しかしイエスは、そうイエスだけは、あなたを必ず見つけ出し、そして導いてくださいます。

「イエスは、ユダヤ人たちが彼を外に追い出したことを聞き、彼を見つけ出して言われた。『あなたは人の子を信じますか。』その人は答えた。『主よ、私が信じることができるように教えてください。その人はどなたですか。』イエスは彼に言われた。『あなたはその人を見ています。あなたと話しているのが、その人です。』彼は『主よ、信じます』と言って、イエスを礼拝した。」（同九章三五～三八節）

この物語は、盲人の物乞いがイエスに見出された場面に始まり、最後は癒やされたその盲人がイエスを礼拝する場面で終わります。それこそ、イエスが私たちすべてに望んでおられることではないでしょうか。

私たちはキリストなしでは目が見えないも同然なのです。目的も見えず、将来も見ることができません。今抱えている問題や痛みから抜け出す道も見出すことができません。私たちにはイエスの姿が見えません。しかしイエスはあなたをご覧になっています。それこそ頭のてっぺんから足の先までも。イエスは私たちのすべてをご存じなのです。

私は五年生の時、眼科医から視力検査を受けました。もし神があなたの霊的状態を検査なさったら、果たして合格点を頂けるでしょうか。あなたには人生の意味が見えていますか。永遠なるものが見えていますか。何よりも、あなたに対する神の大きな愛が見えていますか。あなたの頬にそっと触れているのはイエスの御手、そしてあなたが耳にしているのはイエスの御声なのです。

私たちが目を閉じたまま手探りしながら人生を突き進むことを、イエスは望んでおられません。イエスは、あなたがなぜこの地上に生まれ、どこに向かおうとしているのか知ってほしいと願っておられます。私たちがきちんと見えるようになることを、イエスは心から望んでいます。イエスは、私たちが見えるようになるためなら、どんな犠牲をもいとわない方なのです。

第8章

The Voice That Empties Graves

「ラザロよ、出て来なさい！」

いつか私の番が回ってくる

ある週末、ひょんなことがきっかけで墓地で過ごすことになった私……。金曜日に到着し日曜日に去るまでのほんの三日間でしたが、まるで一年もの長さに感じられたのでした。

そもそも週末を墓地で過ごすというのは兄の提案でした。兄が大学一年の十九歳、私が高校二年生、十六歳の時のことです。兄は大学入学と同時に生まれ育った町を離れ、人口数十万人の成長著しい都市テキサス州ラボックへと移り住んだのですが、この市にあったのが、テキサス工科大学、ラボック・クリスチャン・カレッジ、そしてレストヘイブン葬儀場と墓地だったのです。

葬儀場の管理人が、夜間に墓地の見守りをする学生アルバイトを募集しているのを知った兄は、けっこう割のいい仕事だと思ったのでした。夜中に数回施設を見回るだけで、それなりのアルバイト料と懐中電灯が手に入り、二階の棺桶収納室の隣にあるトイレや台所付きのリビングルームも自由に使えるとあって、ガールフレンドを連れ込むにはなかなか斬新で面白いと踏んだのです。

しかしフタを開けてみると、当の彼女は建物に一歩も足を踏み入れることなくさっさと帰ってしまい、代わりに私が呼ばれたのでした（週末を過ごす相手にわざわざ弟を選ぶなんて、どれほど兄が退屈していたか想像がつくというもの）。

兄に誘われ、のこのこやって来てはみたものの、その場に到着したとたん私はひどく後悔したのです。施設の玄関前には霊柩車が何台も停まり、裏庭にはまだ文字の彫られていない墓石がいくつも置かれ、二階の一室には未販売の棺桶がぎっしりと保管されていました。扉に「遺体防腐処置室」と書かれた部屋のクローゼットをのぞくと、墓堀人の道具が収められています。兄のディーは「なかなかイケてるじゃないか」と強がるものの、私には不気味としか思えません。私が到着したのは金曜日の夕方五時でしたが、その十五分後にはその場から逃げ出したくてたまらなくなりました。

葬儀場（訳注・funeral homes）は、ホームなどという名称をあてるにはおよそ似つかわしくない場所です。どんなに芝生が美しく刈り込まれ、建物の外観がおしゃれであろうとも、墓地で散歩を楽しんだり、長居をしたり、ましてやそこに住んだりなど、誰がしたいものでしょう。そこは、あくまでも亡くなった人に敬意を払い、別れを告げる場所なのです。あちらこちらに立つ墓石には「永遠の休息」「平和の谷」と刻まれてありますが、こんなところで休息したり、リフレッシュできるものではありません。墓地でピクニック？　ボール投げ？　フリスビーで遊ぶ？　いえいえとんでもない！　用が済んだら直ちに退散したい場所、それが墓地なのです。

一つひとつの墓石を目で追うごとに、この地上における人生とは、二つの日付をつなぐ横棒線に過ぎないのだと思わされます。誰かの葬儀に出席するたびに、いつか必ず私たちの番が回ってくることを思い知るのです。墓地にいると、私たちの命には限りがあるという事実を否応なく突きつけられます。墓場《grave》は、人を厳粛《grave》な気持ちにさせる場所です。私たちは、やがて訪れる死を先延ばしにするために思いつく限りのことをします。身体を動かし健康な食事を心がけ、しわを伸ばす栄養クリームやビタミン剤を買います。でもどんなに努力を重ねても、この人生には終わりが訪れることに変わりはないのです。

「マックスさんったら……。そんなことをわざわざ思い出させるなんて、親切にもほどがありますよ。おかけでさっきより、もっと憂鬱な気分になったじゃありませんか。」そんな声が聞こえてきそうです。

おや、それは失礼しました。確かにこれでは、なんの慰めにもなりません。普通は人を励ますために、わざわざ墓地の話なんかしませんよね、たった一つの例外を除いては。そう、ベタニアという村近くの、あの墓地で起きた話です。しかもその話は、私たちを憂鬱にさせるどころか、とてつもなく大きな希望を与えてくれるのです。

この病気は死で終わらない

「さて、ある人が病気にかかっていた。ベタニアのラザロである。ベタニアはマリアとその姉妹マルタの村であった。このマリアは、主に香油を塗り、自分の髪で主の足をぬぐったマリアで、彼女の兄弟ラザロが病んでいたのである。姉妹たちは、イエスのところに使いを

送って言った。『主よ、ご覧ください。あなたが愛しておられる者が病気です。』」(ヨハネの福音書一一章一〜三節)

ヨハネはのっけから深刻な事実を突きつけます。「ある人が病気にかかっていた。ベタニアのラザロである」と。あなたの日記も、同じような書き出しで始まる日があるかもしれません。「ジュディは疲労困憊《こんぱい》だった」、「お父さんのトムは困惑していた」、「ソフィーはひどく悲しそうだった」……。

ラザロは当時確かに実在し、また事実、ある問題を抱えていました。彼は病気だったのです。身体中がズキズキと痛み、発熱と差し込むような胃痛もあります。でも、彼には一縷《いちる》の望みがありました。その望みとはそう、あの方のこと。あの方が必ず何とかしてくださる、そうラザロは信じていました。ラザロにはイエスという名の友がいたのです。水をぶどう酒に変え、嵐を鎮めるために湖の上を歩き、かごに入ったわずかなパンを用いて饗宴《きょうえん》を催した友が。イエスのファンは数多《あまた》いました。でも、ラザロはイエスの大切な友でした。

そこでラザロの姉妹たちは、重大な知らせを届けるため、急いでイエスに使いを走らせます。「主よ、……あなたが愛しておられる者が病気です」と。

彼女たちは、イエスの愛に訴え、その時抱えていた問題をそのまま率直に伝えました。イエスのなさることに条件を付けることも、こうしてほしいと図々しく迫ることも、大仰に騒ぎ立てることも、逆にたいしたことはないと強がることもなく、自分たちの心配を簡潔に伝え、あとのことはイエスにゆだねたのでした。この姉妹の姿勢に私たちも見習うべきかもしれません。

友が病気であることを知ったイエスは、助けを約束されました。「これを聞いて、イエスは言われた。『この病気は死で終わるものではなく、神の栄光のためのものです。それによって神の子が栄光を受けることになります。』」（同一一章四節）

このことばを誤解した人もいたことでしょう。これを聞いて「ラザロは死なないのだ」と早合点したとしても無理はありません。しかし、イエスはそのような意味でおっしゃったのではないのです。「この病気は死で終わるものではなく」とは、ラザロがたとえ死の陰の谷を歩むことになったとしても、そこにとどまることはないということです。

使いの者はベタニアに急いで戻り、心を強くし希望をもつようにと姉妹に伝えたことでしょう。

「しかし、イエスはラザロが病んでいると聞いてからも、そのときいた場所に二日とどまられた」（同一一章六節）のでした。

イエスの到着が日一日と延びるにつれ、ラザロの状態も深刻さを増していきました。ラザロは姉妹たちに「あの方はまだ？」と何度尋ねたことでしょう。熱に浮かされたラザロの額に手を当てながら、姉妹たちは何度イエスの到着を祈ったことでしょう。「大丈夫、必ず来てくださるから」と何度互いに励まし合ったことでしょう。

しかし、いつまで経ってもイエスは現れません。ラザロの意識が混濁し始めます。しかしイエスは現れません。とうとうラザロは命尽きました。それでもイエスは現れません。「イエスが「ベタニアに」おいでになると、ラザロは墓の中に入れられて、すでに四日たっていい」ました（同一一章一七節）。「イスラエルのラビの教えによると、死を迎えてから三日間はその身体にたましいが宿っているが、四日目には永久にその身体から去る[1]」と言われていました。せめてイエスの到着がもう一日早かったら、と誰しも思ったことでしょう。

「あなたは、このことを信じますか」

ラザロの姉妹たちもそうでした。「マルタは、イエスが来られたと聞いて、出迎えに行った。マリアは家で座っていた。マルタはイエスに言った。『主よ。もしここにいてくださったなら、私の兄弟は死ななかったでしょうに。』」（同一一章二〇、二一節）

マルタはイエスに失望したのです。「もしここにいてくださったなら……」キリストは彼女の期待に応えてくれませんでした。イエスが到着した時、ラザロは亡くなって数日が経っていました。もし今日であれば、ラザロの遺体はすでに防腐処置が施されていたか、あるいは火葬されていたでしょう。新聞に追悼記事が掲載され、墓地が購入され、葬儀はまだ行われないとしても少なくとも予定されていたでしょう。

なぜそう確信をもって言えるかというと、私は今までに何度も葬儀の司式をしてきたからです。そして、数え切れないほど何度も、ラザロの物語を説教で語ってきました。棺を囲む今日のマルタやマリア、マタイの顔をのぞき込み、「きっとあなたも今、あの時のマルタのように失望の中にいるのかもしれません。あなたも、病気のことをイエスに打ち明けたのでしょう？　病室のベッドの脇で寝ずに寄り添うこともあったことでしょう。イエスに向かって、あなたの愛する者は病状が悪化するばかりです、今にも死にそうなのですと訴えた日もありましたよね。なのに願いもむなしく亡くなってしまった。きっと皆さんの中には、マリアのようにあまりに悲しくてことばも出ない方もおられるでしょう。あるいはマルタのように、当惑のあまり何か言わずにはいられない方も。そんなマルタの信仰に、私たちもならう者となりませんか」と語ってきました。

もう一度、マルタのことばを見てみようではありませんか。「主よ。**もしここにいてくださったなら、**私の兄弟は死ななかったでしょうに。しかし、あなたが神にお求めになることは何でも、神があなたにお与えになることを、**私は今でも知っています**」（同一一章二一、二二節。強調は著者による）。二一節のことばと、二二節の「しかし」で始まることばとのあいだに、どれほどの時間の経過があったのでしょう。彼女の口調にこのような変化が生じたのはなぜなのでしょうか。キリストの表情から何かを読み取ったのでしょうか。過去にイエスが約束してくださったことを思い出したのでしょうか。イエスが手を伸ばし、そっとマルタの目から涙を拭ったのでしょうか。イエスの確信に満ちた態度が彼女の気持ちを落ち着かせ、恐れを取り除いたのでしょうか。いずれにせよ、マルタは何かに心動かされ、不平を鳴らす者から告白する者へと変えられたのでした。

するとイエスは驚くような約束を口にされたのです。「イエスは彼女に言われた。『あなたの兄弟はよみがえります。』マルタはイエスに言った。『終わりの日のよみがえりの時に、私の兄弟がよみがえることは知っています。』イエスは彼女に言われた。『わたしはよみがえりです。いのちです。わたしを信じる者は死んでも生きるのです。……あなたは、このことを信じますか。』」(同一一章二三～二六節)と。

なんというドラマチックな場面でしょう。

イエスが語りかけている相手がいったい誰なのか思い出してください。それは愛する兄弟に先立たれ、悲しみのどん底にいるマルタ。

イエスがいったいどこで、このことばを口にしているのか思い出してください。そう、それはおそらく墓地のすぐ近く、あるいはもしかしたら墓地のただ中であったかもしれません。

そしてイエスがいつ、この問いかけをしたのか思い出してください。それはイエスの大切な友ラザロが死んで四日経ってから。ラザロの命がついえ、葬られて四日後のことでした。

四日間という時の長さは、マルタがイエスにすっかり失望してしまうのに十分だったでしょう。しかしイエスは、ラザロの死などものともしない大胆さでマルタにこう問いかけたのです。「マルタ、君は信じるかい？　わたしがすべての主なのだということを。こんな墓地のような場所においてもね」と。

マルタは弾むような明るい声で、勝利を確信する天使のように拳《こぶし》を天に突き上げ、希望に輝く顔でイエスに答えたのでしょうか。彼女のことばの最後にビックリマークをいくつかつけてそんなふうに想像してみるのも悪くありませんが、私はおそらくそうではなかったと思うのです。きっとマルタはハッと息をのみ、少し間を置いてから、ためらいがちに答えたに違いありません。「はい、主よ。私は、あなたが世に来られる神の子キリストであると信じております」（同一一章二七節）と。

マルタは、イエスが死者をよみがえらせることができると、はっきり宣言する自信はなかったのではないでしょうか。それでも、彼女は、「世に来られる」、「神の子」、「キリスト」という三つのことばを用いてイエスに敬意を表しました。マルタは自分の心を奮い立たせ、からし種ほどのちっぽけでわずかな信仰をイエスの前に告白したのです。イエスにとってはそれだけで十分でした。

「ラザロよ、出て来なさい！」

マルタはマリアを呼びに行きました。マリアはイエスを見るなり涙を流しました。「イエスは、彼女が泣き、一緒に来たユダヤ人たちも泣いているのをご覧になった。そして、霊に憤りを覚え、心を騒がせて、『彼をどこに置きましたか』と言われた。彼らはイエスに『主よ、来てご覧ください』と言った。イエスは涙を流された」(同一一章三三〜三五節)。

なぜイエスは涙を流されたのでしょう。大事な友の死を目の当たりにしたからでしょうか。死が、イエスが大切にしていた人たちに大きな衝撃を与えたからでしょうか。悲しみからでしょうか、怒りからでしょうか。それとも、死がこれほどまでに人々を圧倒し、支配することに心を痛めたからでしょうか。

おそらくは、私が挙げた最後の理由からでしょう。というのも、イエスはけっして落胆を見せず、決然とした態度で行動なさったからです。まずは人々に、「石を取りのけなさい」と命じました。マルタはためらいます。その場にいた誰もが彼女と同じ思いだったでしょう。しかしイエスは食い下がり、マルタはしぶしぶ従います。するとイエスは驚くようなことを命じたのです。おそらく死人にそんな命令が下されたことは、それまで一度もなかったでしょう。イエスは、まずは困難な状況を前にした時にいつもなさるように、神に感謝をささげてから、「大声で叫ばれた。『ラザロよ、出て来なさい。』すると、死んでいた人が、手と足を長い布で巻かれたまま出て来た。彼の顔は布で包まれていた。イエスは彼らに言われた。『ほどいてやって、帰らせなさい』」(同一一章四三、四四節)。

あなたが、もし初めてこの聖書の箇所に触れたとしたら、どんな気持ちになるか想像してみてください。驚きのあまり目を皿のように大きく見開き、聖書を膝に落とし、天を仰ぎながらこうつぶやくのではないでしょうか。「墓の中にいた死人に向かって『出て来なさい』と叫ぶなんて、本当にそんなことなさったんですか？」と。

ええ、そのとおり！　イエスはラザロに出て来るように招いたのではありません、命じたのです。示唆ではなく厳命、提案ではなく召喚でした。イエスは……

・「大声で呼びかけた。」（新改訂標準訳聖書〔New Revised Standard Version〕）

・「凄まじい声で怒鳴られた。[2]」

・「出せるかぎりの大きな声で叫ばれた。」（GOD'S WORD 版聖書）

「よみがえり」であり「いのち」である方は、死者の横たわる洞窟に向かってはっきりと命令なさったのです。御国のどこかで神に仕えていた天使は、聞き慣れた羊飼いの声を耳にし、そっとほほえんだことでしょう。ゲヘナに潜む堕天使は「なんてこった！」とつぶやいたに違いありません。

「ラザロよ、出て来なさい！」イエスのその声は洞窟の岩壁に響いてこだまし、御国の一角にあるカフェで、ラテをすすりながら、モーセが語るエジプト脱出の冒険談に聴き入っていた、元気そのもののラザロの耳に届いたことでしょう。

「ラザロ！」

自分の名が呼ばれるのを聞いたラザロは、思わずモーセの顔を見つめます。かつての偉大なる族長は小さく肩をすくめて見せ、「こりゃ、行かんとまずいな」と一言告げたのではないでしょうか。

ラザロは地上に戻りたくなどなかったに違いありません。しかし、イエスの弟子にとってその命令は絶対なのです。ラザロもそのことは承知していました。そこで彼のたましいは御国から地上へと降りて行き、空を突き抜けベタニア霊園にたどり着くと、再び自分の身体の中に収まったのでした。そしてスクッと立ち上がり、イエスのもとへと向かったのです。

「イエスは彼らに言われた。『ほどいてやって、帰らせなさい。』」（同一一章四四節）

イエスの権威は死にも及ぶ

「この奇跡物語が伝えようとしていることを、ぜひとも心に留めていただきたいのです。」

私は、葬儀の参列者にそう伝えたくてたまらないのです。もちろん、けっしてうきうきした口調で言わないよう気をつけていますけれど。何といっても、そこは告別式という厳粛な場なのですから。でも、このことを伝えるとき、どうしても気持ちが浮き立つのです。「あなたはけっしてひとりではないのですよ。イエスは、こんな悲しみに満ちた墓地のような場所でも、私たちと共にいてくださるのですから。こうして式に参列している私たちのためにも、今ここに埋葬された愛する方のためにも、神は確かにご臨在くださっているのです。」

イエスは「死んだ人にも生きている人にも、主」（ローマ人への手紙一四章九節）です。

この出来事は将来、再び起こります。ラザロの復活はその予兆にすぎません。いつの日か、イエスはもう一度大声で叫ばれます。すると聖徒たちがあちらこちらから呼び集められるのです。墓場から、海底から、戦場から、焼け落ちた建物から、死者が葬られたあらゆる場所から。どのようなかたちで死を迎えたとしても、皆元どおりの姿で復活し、再びキリストの御前に立つことができるのです。

イエスの救いにあずかるとは、たましいだけでなく、たましいと身体がともに贖われるということなのです。

「私たちは知っています。被造物のすべては、今に至るまで、ともにうめき、ともに産みの苦しみをしています。それだけでなく、御霊の初穂をいただいている私たち自身も、子にしていただくこと、すなわち、**私たちのからだが贖われること**を待ち望みながら、心の中でうめいています。」(同八章二二、二三節、強調は著者による)

私たちが待ち望むのは、身体からの贖いではなく、身体の贖いです。私たちのたましいと身体を含む、人の「全体」が回復されることなのです。私たちは「畏れ多いほどに驚くべきものに造り上げられてい」(詩編一三九編一四節　協会共同訳)ますが、同時に「野の花のよう」(イザヤ書四〇章六節)に弱くはかない者です。しかし、私たちはいつまでも弱いままではありません。キリストとの共同相続人である私たちは、イエスと同じようによみがえることができるのです。「私たちが……キリストと一つになっているなら、キリストの復活とも同じようになるからです」(ローマ人への手紙六章五節)。

「あなたは、このことを信じますか。」マルタに対するこの問いかけは、私たち一人ひとりに向けられています。

死はすべての人を平等にします。億万長者と一文無しに共通することとはいったい何でしょう。それは、どちらにもやがて死が訪れるということです。死に方はそれぞれ違ったとしても、私たちはいつの日か皆、例外なく死ぬのです。ですから、復活したラザロの物語から、イエスの権威は死にも及ぶことを、今一度心にしっかりと刻んでいただきたいのです。

あなたは、このことを信じますかこれは、あなたの教会、あなたの家族、あなたの両親、あなたが属している社会はどう考えるのかではなく、あなた自身への問いかけなのです。これは非常に個人的な問いかけであり、さらには、はっきりとした明確な質問です。

あなたは、**このこと**を信じますか? これは、キリストが神であることを信じるか、そしてあなたは死後復活することを信じるか、と問うているのです。イエスは死をも支配なさる方であり、その一声で墓を空《から》にできる。そして、あなたもやがてラザロのようによみがえることができる。**このこと**を信じますか、と。

ジョージ・H・W・ブッシュはこのことを信じました。アメリカ第四十一代大統領であるこの人ほど、華やかな人生を送った人はいないのではないでしょうか。ブッシュは艦上攻撃機のパイロット、連邦下院議員、国際連合大使、中央情報局長官を経験し、また副大統領を八年間、大統領を四年間務めました。彼ほど大きな権力と影響力を手にした人は少ないでしょう。しかし、二〇一八年十一月二十九日、九十四歳であった彼にとって、その輝かしい経歴は何の意味ももちませんでした。身体もすっかり弱り果て、翌日にも死を迎えようとしていたこの日、ブッシュはかねてからの親友、ジェイムズ・ベイカー（訳注・ジョージ・H・W・ブッシュが大統領在任中、国務長官を務めた人物）の訪問を受けました。

ベイカーはブッシュをスペイン語で上司を意味する「ヘフェ」、ブッシュはベイカーを「ベイク」と呼び合う仲でした。二人はよくランチに出かけたものでした。ベイカーはブッシュを誘いに家に立ち寄るたびに、「さて、今日はどこに行く?」と声をかけたそうです。しかしこの日、ブッシュはベイカーから声をかけられるよりも先に、「ベイク、今日はどこに行こうか?」と自分から尋ねたのでした。長年の友であったベイカーはこう答えたそうです。「ヘフェ、僕たちは天国に行くんだよ」と。するとブッシュはこう言ったのだそうです。「いいね。……僕が一番行きたかったところだ」と。

このエピソードが事実であったかどうかを確認するために、ブッシュ一家が所属していた教会の牧師、ラス・レベンソン師にメールで尋ねたところ、ブッシュ元大統領の晩年の様子について、さらに次のように教えてくれました。

「死期が迫った頃、ブッシュ氏とは天国の話をよくしたものでした。『天国は実在するのか、私はそこに行けるのか』と聞かれたことは一度もありません。彼がただ知りたかったのは、天国がどんなところなのかということでした。(3)」

ブッシュ元大統領は、素晴らしい経歴の持ち主ではありましたが、人生の最期を迎えるその時、彼にとって何より大事だったのは、それまで自分が成し遂げてきた偉業ではなく、一人のユダヤ人ラビの成し遂げたみわざに対する確信だったのです。

正直なところ、私は今も墓地に長居をしたいとは思いません。兄と共にあの週末、レストヘイブン葬儀場で過ごした時のことを思い出すと、とてもそんな気になれないのです。葬儀場をそっくりあなたの家にしてもよいですよと誘いを受けたとしても、速攻でお断りすると思います。たとえどんなに広く素敵な場所であったとしても!

私は、墓地を訪ねる人が皆そうするように、そこに埋葬された方々に敬意を表し、葬儀に参列後はすぐにその場を後にします。しかし、そこを去る前にほんのすこしのあいだ、辺りを見回し、いつか必ず、この聖書のことばが成就する時のことを静かに心に思い描くのです。

「すなわち、号令と御使いのかしらの声と神のラッパの響きとともに、主ご自身が天から下って来られます。そしてまず、キリストにある死者がよみがえり、それから、生き残っている私たちが、彼らと一緒に雲に包まれて引き上げられ、空中で主と会うのです。こうして私たちは、いつまでも主とともにいることになります。ですから、これらのことばをもって互いに励まし合いなさい。」（テサロニケ人への手紙第一　四章一六～一八節）

第9章

Paid in Full

「完了した」

人生のゴールラインで

ケイラ・モンゴメリーの走る姿を一目でも見たことのある人は誰でも、彼女の走りがしっかりと安定していると思うでしょう。無駄なぜい肉のない引き締まった身体に強靱《きょうじん》な意志をもつケイラは、アメリカにおける最も速い長距離ランナーの一人でした。ゴールするまで手を抜かずに走り切る彼女の姿勢はプロの評価も高く、ノースカロライナ州ウィンストン・セーラムで行われた高校陸上競技大会で披露されたその走りは、コーチや他の選手たち、そして大学関係者など、大勢の注目を集めました。その後、ケイラはさらに記録を伸ばし、州の大会で優勝したのち全国大会に出場、やがてスポーツ奨学金を得てテネシー州ナッシュビルにあるリプスコム大学に入学します。

ケイラの走る姿を見たら、あなたも感動せずにはいられないはずです。

しかし、実は彼女は、誰も想像できないような苦悩を抱えていました。そう、ケイラは走っている時、足の感覚が全くないのです。彼女が十五歳の時、多発性硬化症と診断されたのです。多発性硬化症（ＭＳ）とは、神経細胞を覆う部分に傷ができることで脳や脊髄に障害が起きる一種の免疫異常です。ＭＳには多くの症状が現れますが、体温調整ができなくなることもその一つ。ケイラは体温が上昇すると、身体が熱を制御できなくなり、腰から足にかけて感覚が鈍くなるのです。

それでも走ることをやめたくないケイラは、コーチにこう伝えました。「私は走りたいんです。力のかぎり速く！」と。そのことばどおりケイラは走り続け、一時は全米ランキングで二十一位の成績を記録するまでになりました。

足の感覚が鈍くなるのは、走り始めて一キロを過ぎたあたりから。そのあとは、まるで自動操縦に切り替えたように、そのまま勢いに任せて走り続けるのです。そんなふうに、走ることについては何とかなるものの、やっかいなのは止まる時。ケイラは全速力でゴールした後も、そのまま走る速度を落とすことができないのです。

そのため、止まることについては、彼女のコーチに全面的に頼るしかありません。コーチは競技中彼女に寄り添いながら大声で励まし続けますが、彼の最大の貢献は、ゴールした後も走り続ける彼女を全力で受け止めることなのです。コーチはゴールの前で両手を広げて待ち構え、ケイラはそのままその腕の中に飛び込みます。ケイラの体当たりにもコーチは微動だにしません。その衝撃はけっして小さくないはずなのに。コーチはやっとの思いで彼女の走りを止めると、約百五十五センチの彼女の身体を抱え上げ、競技場外へと運び出すのです。

その間、「私の足！　私の足はどこに行ってしまったの？　助けて、お願い助けて！」と叫び続けるケイラに、コーチは繰り返し、「大丈夫だよ。僕がちゃんと受け止めたからね」と励ましのことばをかけるのです。

コーチがケイラを安全な場所に下ろし、氷水を与えると、少しずつケイラの体温は下がり、足の感覚が戻るのです。[1]

ケイラとコーチのあいだには一つの約束が交わされていました。ケイラの役目はただひたすら走ること、コーチの役目は彼女をしっかりと受け止めること。もしコーチが彼女を受け止めることを怠れば、ケイラはそのままその先にある障害物に激突してしまいます。しかし、そのようなことはただの一度も起こりませんでした。なぜなら、いつもコーチがゴールの前に立ち、彼女を受け止めたからです。

それがコーチの彼女に対する約束でした。

神も、私たちに対し、まさに同じ約束をしてくださっています。

私たちの人生のゴールも少しずつ近づいています。頼まれてもいないのにこんなことを思い起こさせてしまってごめんなさい。でも、私たちは日を追うごとに、人生の終着点へと近づいているのです。胸の鼓動の一つひとつが、人生終了までを数えるカウントダウン時計の秒針音なのです。私たちが吸って吐く息の回数も、日々の長さにも限りがあります。どんなに頑張って人生のレースを走ろうとも、そのレースは永遠に続くわけではありません。

私たちが助けを必要とする時は訪れます。人生のゴールに到着した時、私たちは完全に力尽きます。走る技術も、身につけてきたすべての能力も、意志の強さも、受けてきた訓練も、経験も、成し遂げてきた業績も、ゴールラインを越えたとたん何の役にも立たなくなります。

その時必要なのは、私たちを受け止めてくれる誰かなのです。

その誰かを買って出ようと約束してくださる方、それがイエスです。人生の最後の瞬間、イエスはけっしてあなたを見捨てることはなさいません。これこそがイエスが立ててくださった確かな約束です。そして、それこそが十字架の出来事が伝えようとしていることなのです。

支払いはすべて済んでいる

「それから、イエスはすべてのことが完了したのを知ると、聖書が成就するために、『わたしは渇く』と言われた。酸いぶどう酒がいっぱい入った器がそこに置いてあったので、兵士たちは、酸いぶどう酒を含んだ海綿をヒソプの枝に付けて、イエスの口もとに差し出した。イエスは酸いぶどう酒を受けると、『完了した』と言われた。そして、頭を垂れて霊をお渡しになった。」（ヨハネの福音書一九章二八～三〇節）

十字架の出来事も奇跡の一つと考えるべきなのでしょうか。もちろんです。この出来事には、ヨハネの福音書に記された他の奇跡と同じ特徴が見られます。この出来事では、水がぶどう酒に変えられることはありませんでした。しかし、罪人が罪なき者へと変えられました。カルバリ山にいたイエスは、誰かの病を癒やすことはなさいませんでした。しかし、すべての人を罪から癒やされました。十字架にかかったその日、歩きなさいと、足のなえた人に命じることはありませんでした。しかし、喜び踊るようにと、すべての人を招かれたのです。

イエスは一言の宣言によって、五千人よりもはるかに多くの人々の飢えを満たし、一つどころかはるかに多くの嵐を鎮め、一人よりもはるかに多くの人の目を開かれました。イエスがベタニアの墓地で放たれた命令は、ただ一人ラザロの命を救うのみでしたが、イエスがカルバリ山で口にしたその宣言は、ご自身を信じる者すべてを永遠の死から救うのに十分でした。

その宣言とは？　それはテテレスタイ、「完了した」（同一九章三〇節）という一言でした。

帽子をそっと頭から取り、靴を脱ぎなさい。

いっさいのおしゃべりを止め、目を伏せなさい。

それは聖なることば、聖《きよ》らかなひとときなのですから。

画家がキャンバスから一歩後ずさり、静かに筆を下ろして一言。

「完了した」

詩人がやっと仕上げたソネットに最後目を通し、ペンを机に置いて一言。

「完了した」

農夫が作物を収穫したばかりの畑を見やり、帽子を脱ぎ額の汗をぬぐって一言。

「完了した」

落ちくぼんだ目を開き天を見上げたイエスが、最後の力を振り絞り、かすかに息を吸うと一言こう宣言されました。「完了した」と。

イエスの働きがどのようにして始まったか覚えていますか。十二歳になったイエスはエルサレムを訪れていた時、両親のもとから突然いなくなってしまいました。その三日後、マリアとヨセフは、宮で教師たちと話し込んでいるイエスを見つけたのです。その時、イエスは両親にこう言われました。「どうしてわたしを捜されたのですか。わたしが自分の父の家にいるのは当然であることを、ご存じなかったのですか」（ルカの福音書二章四九節）と。イエスはまだほんの少年の頃から、天の父がなさろうとしていることが人々を罪から贖うことであると理解していました。これが聖書に記録されるイエスの最初のことばです。そして最後に口にされた「完了した」ということばこそ、天の父がその働きを確かに成し遂げられたことを告げる一言でした。

実は、テテレスタイというギリシア語はビジネス用語の一つで、税や年貢などを「完納する」という意味でよく使われていました。使徒パウロもローマ人への手紙の中で税金を「納める」と記した時、このことばを使いました（一三章六節）。マタイの福音書一七章二四節に「あなたがたの先生は神殿税を納めないのですか」とありますが、ここにもこのことばの語幹、「teleō」が見られます。このことばは、何らかの支払いを完済するという意味があるのです。

十字架上でキリストが口にされたこのことばも、同じ宣言をしています。「なぜなら、キリストは聖なるものとされる人々を、一つのささげ物によって永遠に完成されたからです」（ヘブル人への手紙一〇章一四節）。キリストがすでにささげてくださっているのですから、それ以上のものを、何もささげる必要はないのです。天の父は、さらなる犠牲を望んではおられません。キリストは十字架の上でいのちをささげることによって、神の責めをすべてご自身の身に引き受けてくださったのです。これを奇跡と呼ばずして何と言いましょう。

「そして、頭を垂れて霊をお渡しになった」（ヨハネの福音書一九章三〇節）。イエスの頭は、前のめりに倒れたのでも崩れ落ちたのでもありません。イエスは自ら頭を垂れたのです。頭を低くされたのです。イエスは苦しまれましたが、力尽きて気を失ったわけではありません。「だれも、わたしからいのちを取りません」とイエスが約束なさったとおりです。「わたしが自分からいのちを捨てるのです」（同一〇章一八節）と。

三本の十字架の中央におられた方は、ご自身がその場の中心的存在であることをお示しになったのです。イエスは死に直面しているその時も、いや、まさにその時こそ、主権者であられました。十二歳の時、イエスが言外に触れておられた神の働きは、その約二十一年後、あの時イエスがおられた宮から西へ八百メートルの場所にあるゴルゴタの丘で完了したのでした。

では、いったい何が完了したというのでしょう。キリストの教えでしょうか。そうではありません。なぜなら、イエスは復活後さらに四十日間弟子たちを教えたからです。信仰者を導くことでしょうか。いいえ、聖霊を通して今もイエスは教会を導いておられます。人々を癒やす働きが完了したのでしょうか。断じてそうではありません。聖霊の働き、そして天の父のあわれみに支えられ、イエスは今も癒やしのわざを続けておられます。しかし一つだけ、すでに完了した働きがあるのです。それは私たち人類の罪の贖いです。

「神は、罪を知らない方を私たちのために罪とされました。それは、私たちがこの方にあって神の義となるためです」（コリント人への手紙第二　五章二一節）。この聖句は、神のお力により、キリストが私たちの罪の身代わりとなることで、キリストの義が私たちのものとされたことを示しています。罪のない神の御子であるイエスが私たちの罪を一身に背負ってくださり、そのおかげで、神に敵対する私たちがイエスの義を受け取ることができるのです。

先ほどの聖句の少し前に、パウロはこう記します。「神はキリストにあって、この世をご自分と和解させ、背きの責任を人々に負わせず、和解のことばを私たちに委ねられました」（同五章一九節）と。神は罪の責任を私たちに負わせないと約束してくださいました。代わりにキリストが負ってくださったからです。イエスはご自身から進んで私たちの罪の責任を取ってくださいました。そしてご自身が受け取るべき報酬を、気前よく私たちに与えてくださるのです。

「キリストは、罪のために一つのいけにえを献《ささ》げた後、永遠に神の右の座に着」(ヘブル人への手紙一〇章一二節)かれました。そうです、イエスは神の右の座に座られたのです。必要なわざをすべて成し遂げられたのですから。支払わなくてはならないものは、すべて完済したのですから。

キリストがあなたに代わって支払いを済ませてくださったのです。

安心して走り続けよう

実は先日、私も同じような経験をしました。スターバックスコーヒーのドライブスルーで順番待ちをしていた時のこと。先に注文を済ませ、前の車が商品を受け取り支払いをするのを待ちました。私の順番が回ってきたので、さっそく車の窓から手を伸ばし店員さんにお金を渡そうとすると、なんと彼女がこう言うのです。「前の車の方からすでにお客様の飲み物の代金を頂戴しています。お客様が自分が通っている教会の牧師だと分かったのでぜひごちそうしたいと、そうおっしゃってました。」

その人がいったい誰だったか知りませんが、信徒の鑑《かがみ》であることは間違いない……かもしれませんね。「実はお客様が注文なさった飲み物代より多くいただいてしまったんですが、いかがいたしましょう。」店員さんが二十五ドル紙幣をヒラヒラさせながらそう続けます。私の注文した飲み物が五ドルなので、残りを後ろの車の人に譲ろうかとちらっとバックミラーをのぞきましたが、やっぱり思い直して店員さんに視線を戻し、さらに食べ物を注文したのでした！

せっかくの贈り物を辞退すべきではありませんものね。人の厚意など受けませんと強がったり、思いがけない親切を無駄にはしたくなかったのです。私は心から感謝して、素直にそのプレゼントを受け取ったのでした。

あなたも私の立場に立ったら、ぜひそうしていただきたいと思います。

恵みに満ちたこの奇跡のわざをそのまま受け取ってください。神の恵みが、清らかな滝のようにあなたの上にたっぷりと注がれ、あなたの罪と恥がすっかり洗い流されますように。何ものもあなたを神から引き離すことはできません。どんなにあなたの良心が責め立てようとも、神はあなたを拒みません。他人があなたの過去の過ちを蒸し返すことはあっても、神はそのようなことはけっしてなさいません。神による罪の贖いのみわざは、ただ一度きり、しかも完璧に成し遂げられたのですから。

私はこの本を書いているあいだ、息抜きに家族と共に海岸を訪れました。初孫ロージーは海を見たことが一度もありませんでした。私たちは彼女が初めて海を見た時の反応をあれこれ想像していました。ロージーはしばらくのあいだ、寄せては返す波を見つめながらその音にじっと耳を傾けていましたが、ふと口を開いてこう尋ねたのです。

「この音、いつ止むの？」と。

「これはね、けっして止むことはないんだよ。」
私たちは、神の恵みについても同じ質問をするのです。やがてこの恵みは流れを止め、干上がってしまうのでしょう? と。いいえ、けっして。そのうち神の恵みを私たちが使い果たしてしまう時がくるのでしょう? と。いいえ、断じて。神のあわれみと愛の見返りに、こちらも何かを差し出さなくてはならなくなるのでしょう? と。いいえ、誓ってそのようなことはないのです。

「私たちの罪にしたがって
私たちを扱うことをせず
私たちの咎《とが》にしたがって
私たちに報いをされることもない。
天が地上はるかに高いように
御恵みは　主を恐れる者の上に大きい。
東が西から遠く離れているように
主は　私たちの背きの罪を私たちから遠く離される。
父がその子をあわれむように
主は　ご自分を恐れる者をあわれまれる。」（詩篇一〇三篇一〇～一三節）

人生のレースを、このまま安心して走り続けてください。その最終地点であなたの友なる方が待っていてくださいます。ゴールを越えた時、腕を大きく広げ、あなたを受け止めてくださいます。その時、あの十字架の上で言われたことばをその方が口になさったとしても、けっして驚かないでくださいね、「さあ、完了したよ」と。

第10章

He Saw and Believed

「見て、信じた」

あなたが信じるために書いた

私が今までに幾度となく疑いの気持ちと闘ってきたのだと知ったら、あなたはきっと驚くに違いありません。「これは実際に起きたことなのだろうか?」といぶかしんだこと数知れず、そんな私に牧師の資格などないと思われるかもしれません。神がこの地上に降りてくるなんて。神が赤ん坊として生まれてくるなんて。オムツをしてお母さんのおっぱいを飲むなんて……。性行為もなしに妊娠が成立するなんて。神の子ともあろう方が、ナザレなどというちっぽけな片田舎で三十年ものあいだ暮らすなんて。全能の神が、生まれたての真っ赤なしわしわ顔で産声を上げ、あどけないぽっちゃり顔で初めてのあんよをし、ひげのないつるつるした少年の顔で朝焼けを眺め、ところどころニキビのある顔でかわいい女の子をそっと見つめ、ほっそりとした青年の顔で律法を(ご自身が定めた律法を!)暗唱し、そしてひげをたくわえたラビとして、悪魔にはっきりと異を唱え、罪人を赦《ゆる》し、夏の激しい雨に止むよう命じ、死体に向かって「起きよ」と呼びかけるなんて……。

こんなことが実際にあったのだろうかと疑ったこと、あなたにもありませんか。まともに信じるなんて、いくら何でも無理があると。

キリストの教えそのものについては何の疑問も起きないのです。中東に住む一人のラビが、「隣人を愛せ」、「自らの舌を制御せよ」などのすばらしい教えを垂れるのは、全く理にかなっていたことですから。

しかし、この教師が罪を赦す権威をもち、私たちの罪の身代わりになれるほど聖い存在であり、自らのことを、感謝や賞賛を受けるのみならず、礼拝されるべきだと大胆にも主張した（そして今もしている）となれば、話は別です。

さて、この教師に関する信じがたい話はさらに続くのです。極めつけは、十字架の出来事の先にある「福音」という物語。死んだはずのこの人が、なんと死からよみがえり、自分で墓から出てきたと言うではありませんか。三日間完全に心臓が止まっていたはずなのに、まるで夜明けとともに朝陽が昇るごとく、マリアの子宮に初めて命が宿った時のように心臓が再び動き出したというのです。死んでいたはずのキリストが目を開け、立ち上がり、そして現在、私たちを守るために悪に立ち向かっていてくださる。そのことを数え切れないほど大勢の人が固く信じているのです。そしていつの日かキリストは、私たちを迎えにこの地上に再び来てくださるというではありませんか。私たち人類のせいで生じた混乱と無秩序に最終的な解決を与えるために。

さて、正直に答えていただきたいのです。今私が書いたこと、ずいぶんと突飛で信じがたいと思うときが、あなたにもありませんか。

そんなことはないと胸を張って断言できる人は、岩のようにびくともしない、深く地に根を下ろした確かな信仰の持ち主なのでしょう。

しかし、そうではないその他大勢の私たちは、何とかして疑いを乗り越えなくてはなりません。私たちは、キリスト教に対してさまざまな疑問を抱きます。そして素直に信じる者となるために、懸命に答えを探し求めるのです。もしあなたもそうなのだとしたら、「探求者友の会」へようこそ！　私たちは疑いを抱いてもちっともかまわないのです。その疑問の一つひとつが、天へとつながる階段のステップなのですから。階段がどんなに急であったとしても、それを一段一段上ることによって私たちは着実に天に近づくことができるのです。

果たしてヨハネはその階段を上りきることができました。彼が記した奇跡物語は、私たちが天につながる階段を上るのを助ける、いわば手すりのようなものです。ヨハネがなぜ奇跡の出来事を記録に残したか、その理由を覚えていますか。「これらのことが書かれたのは、イエスが神の子キリストであることを、あなたがたが信じるためであり、また信じて、イエスの名によっていのちを得るためである」（ヨハネの福音書二〇章三一節）。ヨハネがイエスがなさった奇跡について記したのは、私たちを物知りにするためでも、楽しませるためでもなく、イエスがメシア、救い主であることを信じてほしかったからです。ですからヨハネは、特に疑り深い私たちのために、自分の人生の大きな転換点となった出来事、初めてイエスを信じた時のことを、注意深く丁寧に記録しています。

ヨハネは、その時の自分の様子をこう記しています。「そして見て、信じた」（同二〇章八節）と。水がぶどう酒に変えられた記事にそのような表現はありません。イエスが湖の上を歩いた時も、群衆をわずかなパンと魚で養った時も、ヨハネはそのような反応は示しませんでした。目の見えない物乞いをイエスが癒やされた時、ヨハネはすでにイエスの弟子でした。しかしヨハネが心からイエスを信じる者となったのは、いったいいつなのでしょう。ヨハネのことばからそれを探っていくことにしましょう。

八十八回の「信じる」

「その後で、イエスの弟子であったが、ユダヤ人を恐れてそれを隠していたアリマタヤのヨセフが、イエスのからだを取り降ろすことをピラトに願い出た。ピラトは許可を与えた。そこで彼はやって来て、イエスのからだを取り降ろした。以前、夜イエスのところに来たニコデモも、没薬《もつやく》と沈香《じんこう》を混ぜ合わせたものを、百リトラほど持ってやって来た。彼らはイエスのからだを取り、ユダヤ人の埋葬の習慣にしたがって、香料と一緒に亜麻布で巻いた。イエスが十字架につけられた場所には園があり、そこに、まだだれも葬られたことのない新しい墓があった。」（同一九章三八～四一節）

金曜日の夕暮れ時、神の御子であるイエスの御身体はエルサレムにある墓に納められました。二人の弟子、アリマタヤのヨセフとニコデモが、埋葬に備えイエスの御身体を整えました。裕福な町の指導者である二人は、どちらもかつてはイエスの弟子であることを隠していましたが、晩年になって信仰を公にしました。

イエスを埋葬することは、二人にとって何の得にもなりませんでした。彼らの知る限り、救い主の姿を最後に見るのは彼ら自身であるはずでした。彼らは、やがてその御身体がよみがえることになるとも知らずに、埋葬の備えをしたのです。

彼らは、百リトラ（約四十五キロ）もの香料をイエスの御身体に塗ったとありますが[1]（同一九章三九節）、それは王を埋葬する際に用いる量に匹敵します[2]。その後、二人は亜麻布でイエスの御身体をしっかりと巻きました。私たちが挫いてしまったくるぶしをしっかり包帯でくるむように、イエスの御身体全体を覆うように布を巻き付けたのです。

香料が塗られたのは、死体の腐敗臭を和らげるためと、布がやがて固まり死体を防護する役割を果たすためです。その後、口が開いたままにならないよう亜麻布のひもで頭から顎にかけて縛り[3]、最後に、イエスの御身体を園に運び、まだ誰も葬られたことのない墓に入れたのでした。

イエスは処女の胎に宿ってお生まれになり、そして未使用のまっさらな墓に納められたのでした。宗教指導者たちの主張を聞き入れ、ピラトは墓の前に兵士たちを置きました。弟子たちが墓に近づかないようにするためです。まさかイエスが墓から出て行かないように見張らなければ、などとは考えもしなかったことでしょう。

「さて、週の初めの日、朝早くまだ暗いうちに、マグダラのマリアは墓にやって来て、墓から石が取りのけられているのを見た。」(同二〇章一節)

イエスが十字架にかけられてから三日が経ちました。イエスは三日後によみがえると約束しておられました(マルコの福音書八章三一節、九章三一節、一〇章三四節)。

金曜日が第一日目、土曜日が第二日目。

金曜日は静寂に包まれ、土曜日は深い悲しみに覆われました。

金曜日にサタンは喜び踊り、土曜日に悪魔が祝宴を開きました。

金曜日に弟子たちは逃げ去り、土曜日、彼らは涙を流しました。

金曜日に神の最愛の御子は死んで埋葬され、土曜日になっても一言も口をききませんでした。

金曜日に天使たちは頭を垂れ、土曜日、彼らは寝ずの番をしました。

しかし、第三日目の日曜日の夜明けとともに、アリマタヤのヨセフが用意した墓の中で、イエスの胸は鼓動を始めたのです。

その時の様子を目撃できたらどんなによかったでしょう! 突然息を吸う音が聞こえたと思ったら、イエスが大きく目を開き、にっこりと笑みを浮かべるのです。死に打ち勝った勝利者の笑顔とはどのようなものだったのでしょう。キリストが吸った最初の息は、死が放った最期の息でした。

ヨハネの福音書を読むと、その後に続くのは数々の発見と喜びの出来事。マグダラのマリアは墓が空になっているのを見て、最悪の事態を想像しました。彼女はそのことを知らせにペテロとヨハネのもとへと走りました。「だれかが墓から主を取って行きました。どこに主を置いたのか、私たちには分かりません」(ヨハネの福音書二〇章二節)。

ペテロとヨハネは競うように墓へと駆けて行きます。早く着いたのはヨハネでしたが、大胆な行動に出たのはペテロのほうでした。彼は墓に着くとすぐに中に入りましたが、当惑しながら出てきました。しかし、その後に続き墓に入ったヨハネは、信じて出てきたのです。「そのとき、先に墓に着いたもう一人の弟子も入って来た。そして見て、信じた」とあるとおりです(同二〇章八節)。

ヨハネは、「信じた」ということばを記した後、しばらく感慨にひたったのではないでしょうか。「信じる」ということの動詞を、ヨハネは特に気に入っていました。彼が記した福音書には、八十八回もこのことばが使われています。マタイ、マルコ、ルカの福音書に使われている回数を全部合わせても、その約二倍です。(4) この「信じる」ということばは、単に信じるというよりも、「信頼する」、「自分の全存在をかけて」「心の底から」信じるという意味合いを帯びています。

「そして見て、信じた」

少し前の出来事ですが、「信じる」とはどういうことなのか、身をもって知ったことがあります。ある週末、グアダルーペ川のほとりにある友人の別荘で、数人の仲間と共に過ごした時のことです。秋も深まりつつありましたが暖かく、川の水位も高かったので、まだ青空の残るその日の午後、みんなで川辺を散歩することにしました。しばらく行くと、道沿いに立つ樫の木が優雅で堂々とした姿を見せていました。その太い枝が、大きく川の上に張り出しており、その枝の先から古いロープが、川のちょうど真ん中辺りにだらんと垂れ下がっています。

私たちが何を思ったかきっとお分かりでしょう。「確かに今は十一月……水はきっと冷たいし、僕たちもそう若くはない。みんなそろいもそろってジーパンを履いているし。でもちょっとくらいなら水に濡れてもいいかな?」と。

そこで長い木の枝を拾って、ロープをこちらにたぐり寄せました。見るとそのロープは風雨にさらされ多少くたびれてはいたものの、しっかりとしているように見えました。樫の木も老木ではありましたが、その枝は頑丈に見えました。でも、どちらも果たして私たちの体重にちゃんと耐えてくれるのでしょうか。それとも、ロープにつかまって一回大きくスウィングしただけで、ロープが切れるか枝が折れるかして、私たちは水面に届くどころか、川縁に浅く広がる泥に突っ込んでしまうのでしょうか。

みんなでロープを引っ張って強さを試してみたり、水面を木の枝でポンポンつついたりしているうち、勇気ある一人が一歩先んじて行動にでました。「いくぞ！」そう言うや否やロープを引っつかみ、ゴールをめざすフットボール選手よろしく川に向かって走り出したのです。彼は大きく跳び、空へと舞い上がりました。私たちは固唾《かたず》を飲んで見守ります。枝が大きくたわみロープは伸びましたが、しっかりと重みに耐え、彼の身体を遠くダラスの手前あたりまで（冗談です）運んだのです。パシャーンと音を立てて無事水面に着地するのを見た私たちは、すぐさま彼の後に続いたのでした。

私たちがロープの強さを確信したのは、いつの時点でしょう。ロープを回収し、あれこれ調べている時でしょうか。いいえ、私たちが信じたのは、実際に自分の身をロープにゆだねた瞬間でした。

ヨハネもそうでした。彼も、キリストにいわば我が身をゆだねたのです。

「そして見て、信じた。」

彼の決心を促したのは何だったのでしょう。ヨハネはよみがえられたイエスの顔を見たわけでも、その声を聞いたわけでも、その御身体に触ったわけでもありませんでした。それができたのは後のことです。それでもヨハネは信じたのでした。どんな根拠があって彼はそのような信仰に導かれたのでしょう。

ヨハネの福音書二〇章五節にこう記されています。「身をかがめると、亜麻布が置いてあるのが見えた」と。「置いてある」と訳されたギリシア語の元のことばは、「元の形のまま折り重ねられて」[5]、「最初に巻いた時の状態にあった」[6]という意味です。つまり「身体はなくなっているが、身にまとっていた亜麻布は巻かれたままの状態で置かれていた」[7]ということです。香料に浸された亜麻布は、アリマタヤのヨセフとニコデモが金曜日に墓を去った時と全く同じ形状のままそこに置かれていたのです。ただ一点、イエスの御身体だけがこつ然と消えていたことを除いて。まるでチョウがさなぎから羽化するように、イエスもそのまま幾重にも巻かれた亜麻布から抜け出したのでした[8]。

ヨハネは中身のない布の包みを見て、それを根拠に信じたのです。

まず初めに、墓が空になっていました。しかし墓泥棒がイエスの御身体を盗んだとは、どうしても考えにくいのです。もしそうなら、なぜわざわざ手間暇かけてイエスの御身体から亜麻布を巻き取る必要があったでしょう。そのようなことをする理由も時間もなかったはずです。

イエスの弟子や親しい人たちも、イエスの御身体を持ち去ったとは思えません。埋葬のための布をはぎ取り、イエスにさらなる恥辱を加えることなどするでしょうか。たとえそうしなければならない何らかの理由があったとしても、亜麻布をそのままの形にして、中の御身体だけ持ち去ることは無理なのです。

次にイエスの頭に巻かれていた布についてですが、聖書には「イエスの頭を包んでいた布は亜麻布と一緒にはなく、離れたところに丸めてあった」（同二〇章七節）とあります。墓泥棒であった場合、イエスの頭を包んでいた亜麻布についても、巻き取る理由などありませんでした。たとえあったとしても、丸めたりせずに乱暴にそのまま放り投げたでしょう。イエスの弟子や親しい人であった場合でもそうです。なぜイエスの頭からわざわざ亜麻布を外し、丸めて脇に置いていく必要があったでしょう。

ヨハネは瞬時に状況を判断したのです。墓から石が取りのけられていた。墓の中が空になっていた。亜麻布がイエスの御身体に巻き付けられていた形のまま、そこに置かれていた。これらのことから推理されるのはただ一つ、これをなさったのはイエスしかいないということです！　イエスはまるで朝靄《あさもや》のように亜麻布を通り抜け、墓から出て行かれたということです。

ヨハネは、置かれた布を見て、信じました。私たちがロープの頑丈さを信じたように、ヨハネもイエスのよみがえりを信じたのです。それはヨハネにとって、どんな思いが去来する瞬間だったのでしょう。

死体が置かれていた場所、床の埃《ほこり》に残されたイエスの足跡を、そっと指でなぞったのかもしれません。その場にまだ残る没薬や沈香の甘い香りを、胸いっぱいに吸い込んだかもしれません。死者を悼むために使われた香料は、今やまことの王に奉献するものとなったのです。

きっとヨハネは空になった墓に立ち尽くす友人の脇を肘でつつき、こう言ったに違いありません。「ペテロ、イエスさまは生きていらっしゃるんだ！　誰もイエスさまを殺せやしないし、その御身体を持ち去った者もいない。イエスさまが自分の手で石を動かしたんだ、僕たちが墓の中に入れるようにね。さあ競争だ！　先に着いたほうが、イエスさまのご生涯を書き記すことにしようじゃないか！」

ヨハネは見て、信じました。

信仰とは問い続けること

私にもかつて「見て、信じた」瞬間がありました。私は二十歳の時にクリスチャンとなりましたが、二十二歳から二十三歳にかけて迷いが生じ、信仰が揺らいだ時期がありました。友人にそのことを打ち明けた時のことです。「僕、本当に信じているのかどうか分からなくなっちゃった」と。すると彼はこう私に尋ねたのです。「そうなんだね。それじゃあマックス、聞くけど、十字架にかかって死なれたキリストの御身体はいったいどこに行ってしまったんだと思う？」

実はこれ、キリスト教弁証学入門講座で尋ねられる第一問目ともいうべき設問なのです。その後、こんな具合に問いが続きます。もしイエスが自分の力で墓から出なかったとしたら？　もしイエスの御身体が霊園のどこかに隠されていたとしたら？……

どうしてイエスの敵は、その御身体を衆目にさらすことをしなかったのか。もし彼らが墓から盗んだとしたら、隠し場所を知っているはずです。その死体を掘り出して皆の目の前にさらしたら、キリスト教会など、日の目を見る前に闇に葬り去ることができたでしょう。

なぜ公の場で、イエスの復活を否定する者が現れなかったのでしょう。イエスがよみがえってから五十日後のペンテコステの日、使徒ペテロは、エルサレムにおいて三千人以上もの人々の前に立ち、「キリストの復活について、『彼はよみに捨て置かれず、そのからだは朽ちて滅びることがない』……このイエスを、神はよみがえらせました。私たちはみな、そのことの証人です」（使徒の働き二章三一、三二節）と語りました。ペテロのことばを聞いた弟子たちは声をそろえて「アーメン！」と叫んだのではないでしょうか。そして、その日聖霊を受けた百二十人もの聖徒たちも、それに続いて「アーメン」と宣言したでしょう。そして、よみがえられたイエスを見た五百人以上もの人々（コリント人への手紙第一　一五章六節）も深くうなずきながら、口々に「アーメン」と声を上げたに違いありません。その場にいた誰も、そう誰一人として、ペテロの主張に異を唱えた者はいなかったのです。

キリストの敵であれば、できることならそうしたかったはずなのです。ペテロを一瞬にして黙らせることに成功したでしょうから。しかし、悔しいことにできなかったのです。証拠となるイエスの御身体がなかったからです。彼らの沈黙こそ、イエスの復活を雄弁に物語っていると言えるでしょう。

キリストの復活こそ、キリスト教の礎です。使徒パウロははっきりそう述べています。「もしキリストがよみがえらなかったとしたら、あなたがたの信仰は空しく、あなたがたは今もなお自分の罪の中にいます」(同一五章一七節)と。反対にキリストがよみがえられたのだとしたら、私たちの信仰は尊く、力があるのです。

復活の信仰を受け入れましょう。イエスの墓に入り、事実を確かめましょう。その数々の事実に込められた意味を考えてみましょう。イエスの復活のゆえに、私たちは理性と論理に基づいた信仰に立つことができるのです。

イエスは、私たちがこの復活の知らせをにわかに信じられない気持ちを正直に言い表し、調べ、探究することを歓迎なさいます。私たちにとって、復活が途方もなく信じがたい出来事であることを、イエスはよくご存じなのです。信じることを躊躇し、警戒する私たちを、イエスは快く受け止めてくださいます。私たちは、何も考えずに盲信することを求められているわけではけっしてありません。イエスは、しっかりと頭を働かせこの復活の出来事が真実であるか見極めるようにと、私たちを招いておられるのです。

信仰とは、「疑わないこと」ではないのです。信仰とは、理解できないことについて問い続けることです。私のメンターであるリン・アンダーソン師が、「信仰とは、神について現時点で理解している真実に、従い続ける決心をすること」だと述べています。

石は、今も墓の前から取りのけられたままです。イエスの頭を包んでいた亜麻布は、今もそこに丸められています。イエスの御身体に巻かれていた布は、もぬけの殻のままそこに置かれています。願わくばあなたも、これらの事実にしっかりと向き合い、ヨハネのように、見て、信じる者となることができますように。

第11章

Breakfast with Jesus

イエスと一緒に朝食を

すねに傷もつ者

レオナルド・ダ・ヴィンチの名作「最後の晩餐」は、制作が終わるや否や損傷が始まったと言われています。原因はさまざまですが、画家自身にも責任があったようです。一四九四年頃のこと、ダ・ヴィンチは、ミラノ公爵から修道院改装の一環として壁画を描くよう依頼を受けますが、フレスコ技法を用いなかったために顔料が壁の表面にしっかりと付着せず、描いてから二十年後には剥離が始まったのでした。

絵が置かれた環境にも問題がありました。絵が描かれた修道院の食堂は低地に建てられ、さらにはダ・ヴィンチが描いた壁は北側にあったため、湿気が多かったのです。

この絵は常に良い扱いを受けていたというわけではありませんでした。何十年ものあいだ、近くの台所から立ち上る湯気や、聖壇の蠟燭《ろうそく》の煙にさらされてきました。ある時など、壁を切り取って扉が作られることになったために、ちょうど扉の部分に描かれたキリストの足が失われてしまいました。また、ナポレオンが活躍した時代、修道院の食堂は馬小屋として使用され、兵士たちは退屈しのぎにこの名画に向かって煉瓦《れんが》を投げて遊んでいたそうです。大洪水にも見舞われ、深さ六十センチもの水が十五日ものあいだ引かず、湿気のために絵がびっしりと緑の苔で覆われたこともあります。一九四三年八月十六日にアメリカ軍の空爆によって、食堂の屋根と近くの回廊が破壊されるという出来事もありました。

この絵が今も現存しているのは奇跡というしかありません。それは絵画修復士による貢献が大きいことが考えられます。今まで何度、専門家たちが心血を注ぎ、この絵の修復に取り組んできたことでしょう。直近では、一九七七年から一九九九年まで約二十年をかけ、大規模な修復がなされました[1]。

絵画修復士は、歴史家であり化学者でもあります。彼らの念頭にあるのはただ一つ、画家がこの絵を描いた本来の意図は何か、ということ。彼らは、修復のための道具として、拡大鏡、アセトンと呼ばれる洗浄剤、各種ブラシ、綿棒、そして合成ニスなどを用います。ゆっくりと時間をかけ、一筆一筆絵の制作者の筆の動きを真似ながら、元の形や色を取り戻していき、制作者が描いた状態をそのまま再現するのです。

絵画修復士のおかげで、私たちは今もダ・ヴィンチの名画を鑑賞することができます。

私たちもイエスのおかげで、本来あるべき姿に回復することができるのです。年月を経るにしたがい私たちの聖さは剝がれ落ち、たましいはくすんで汚れ、光沢が失われます。私たちも洗われ、修復される必要があるのです。

聖書にも神の御手によって修復された人たちが何人も登場します。私たちはアブラハムを英雄扱いしますが、彼はかつて自分の妻を妻と呼ぶことを拒んだ過去があります。ダビデの残したことばに喜びと励ましを見出す私たちですが、彼は友人の妻と不適切な関係になったことがあります。ラハブはイエスの系図に名前を連ねる数少ない女性の一人ですが、最も古くからあるとされる女性の職業のひとつに手を染めていました。パウロは力強いクリスチャン指導者でしたが、それ以前はクリスチャンを迫害し殺害していました。平和の使徒として名高いヤコブとヨハネは、「雷の子ら」と呼ばれていたこともありました。殉教の死を遂げたイエスの弟子たちは、イエスの十字架の死に際し、まるで子どものように逃げ去りました。聖書に登場する人たちは、大きな失敗や挫折を経験した人たちばかりなのです。

私たちは彼らにちなんで、その名を自分の子どもにつけます。彼らのことを賛美歌の歌詞にのせて歌い、進んで彼らにならおうとします。しかし、ここはひとつ正直に認めようではありませんか、彼らが皆すねに傷もつ者だということを。あの放蕩息子のように、豚の残飯で腹を満たしたいと願うほどの惨めな経験をもつ者たちなのだということを。

そう、実は私たちも。

私たちもいいかげん観念して認め、白状すべきなのです。自分にも、ひどい失敗、大きな過ちを犯した過去があることを。神は、こんな私でもご自分のものだと言ってくださるのかと、疑うほどのことをしてしまったことを。ここで問題にしているのは、日常的な不注意の数々、あるいは悪気のない間違いのことではありません。自分の過去を振り返るならば、神に反抗したヨナのような、神の御前から逃げ出したエリヤのような、厚かましくも神と争ったヤコブのような、そんなひとときがあったのではないでしょうか。

人生を振り返り、あなたが最も後ろ暗い行いに耽っていた場面を思い出してみてください。それは大学のキャンパス、それとも場末のホテルでの出来事でしょうか。いかがわしい商取引に手を染めていた時でしょうか。それはいつ頃のことでしょう。何に対しても反抗的であった十代の時でしょうか。不安な気持ちに支配される「中年の危機」と呼ばれる頃でしょうか。軍に奉職していた時、それとも海外に勤務していた頃でしょうか。あなたはそのことで友を失ったのでしょうか、それとも地位、職を失ったのでしょうか。あるいは信仰の確信を失ってしまったのでしょうか。

もう二度と神は自分を用いてなどくださらないのではないか、そうあなたは自問自答しているかもしれません。もしそうなのだとしたら、ヨハネの福音書を開き、ペテロが回復された奇跡の物語を読んでいただきたいのです。

もし「やり直しの賛歌」なるものが存在するなら、「回復」はその二節目の歌詞に登場します。一節目では神の赦しが歌われ、二節目において、私たちが元どおり神に仕える者となるために、主が回復のわざを続けてくださることが歌われます。神は私たちを洗いきよめてくださいます。それは私たちが、神の義を描く作品として、神の画廊に飾られるためなのです。

それこそまさしく、イエスがペテロにしてくださったことなのです。

イエスとペテロの友情の山と谷

イエスとペテロの友情が始まったのは、あの十字架の出来事からさかのぼること三年、ガリラヤ湖においてでした。あの時、漁師であったペテロは仲間たちと共に前の晩から夜通し漁をしていました。大工であったイエスは、午前のあいだずっと舟の上で福音をお語りになりました。漁師たちは一匹も魚を捕ることができず途方に暮れていました。そんな彼らにイエスは、どこで網を下ろしたらよいのか教えたのです。ペテロや他の漁師たちが、イエスの助言を一蹴したとしても無理もなかったでしょう。彼らは疲れていました。どんなにか身体を休めたかったに違いありません。しかも、イエスは大工であって、漁については何も分からないはずです。しかし、せっかくのイエスのことばだったのでペテロが従うと、なんと網が破れそうになるほどおびただしい数の魚が捕れたのです（ルカの福音書五章一～七節）。

それ以来、イエスとペテロのあいだに、たとえて言えば「ロッキー山脈」のような友情が築かれたのです。なぜ「ロッキー山脈」かというと、山頂もあれば底深い谷もある、つまり高い時もあれば低い時もある、そんな友情であったからです。そして、その友情が最も低い時と言えば、ペテロがイエスへの約束を破ったあの夜ではなかったかと思うのです。

それは、イエスが十字架にかけられた前夜のこと。イエスは、弟子たちは皆つまずくだろうと預言なさいました。

「すると、ペテロがイエスに言った。『たとえ皆がつまずいても、私はつまずきません。』イエスは彼に言われた。『まことに、あなたに言います。まさに今夜、鶏が二度鳴く前に、あなたは三度わたしを知らないと言います。』ペテロは力を込めて言い張った。『たとえ、ご一緒に死ななければならないとしても、あなたを知らないなどとは決して申しません。』皆も同じように言った。」(マルコの福音書一四章二九～三一節)

しかし、ペテロのその決心は長くは続きません。ローマ兵たちがイエスを捕らえにやって来ると、ペテロをはじめ弟子たち全員、まるで叱られた犬のようにイエスを見捨てて逃げてしまいました。それでもペテロはわずかな勇気を振り絞り、大祭司の家の庭の中まで戻ってきましたが、恐ろしくて大祭司の家にまで入ることができません。「ペテロは、遠くからイエスの後について、大祭司の家の庭の中にまで入って行った。そして、下役たちと一緒に座って、火に当たっていた」(同一四章五四節)。

火に当たっていたおかげでペテロの身体は温まりましたが、恐れのせいで心は冷え切っていました。大祭司の召使いにイエスの仲間であることを指摘されると、ペテロはイエスを知らないと言い放ったのです。

「するとペテロは、嘘ならののろわれてもよいと誓い始め、『私は、あなたがたが話しているその人を知らない』と言った。するとすぐに、鶏がもう一度鳴いた。ペテロは、『鶏が二度鳴く前に、あなたは三度わたしを知らないと言います』と、イエスが自分に話されたことを思い出した。そして彼は泣き崩れた。」（同一四章七一、七二節）

きっとその日以来、ペテロは鶏の鳴き声を聞くたびに、心が痛んだに違いありません。キリストはまっすぐに十字架へと向かい、死を遂げました。ペテロは暗闇へと姿を消しました。金曜日に悲劇が起こり、土曜日に沈黙が流れました。しかし、日曜日にはいったい何が起きたでしょう。そうです、キリストは、死の長であるサタンの頭を踏みつぶし、立ち上がり、墓から歩いて出て行かれたのでした。女性の弟子たちが空になった墓をのぞき見ると、天使がこう言いました。

「驚くことはありません。あなたがたは、十字架につけられたナザレ人イエスを捜しているのでしょう。あの方はよみがえられました。ここにはおられません。ご覧なさい。ここがあの方の納められていた場所です。さあ行って、弟子たちとペテロに伝えなさい。『イエスは、あなたがたより先にガリラヤへ行かれます。前に言われたとおり、そこでお会いできます』と。」（同一六章六、七節）

ここに、実に驚くべきことが語られているのです。あなたは気づいたでしょうか。ペテロはイエスの御名を激しくののしったにもかかわらず、天使は（明らかにそれはイエスの指示によるものですが）、女性たちにこう言ったのです。「必ずこのことをペテロに伝えるように。けっしてペテロを仲間はずれにはしないように。間違いなく彼にこの知らせを届けるように。ペテロが、自分にはこのことを知る資格などないと思うことがないようにしてほしい」、そう言ったのです。まるで天においてはペテロの恥ずべき行いがすべて目撃されていたかのように。そして今や天では、ペテロが立ち直ることを願いつつ、この状況を固唾をのんで見守っているかのように。

すべてを元どおりにするために

私が六歳の時、兄と二人、食料品店の通路を走りながら鬼ごっこをして遊んだことがありました。母から何度も注意を受けていたものの、私たちは遊びに夢中で聞き流していたのです。角を曲がり走りながらふと顔を上げると、目の前の棚に蜂蜜の瓶がずらりと並べられているのが見えました。危ないと思う間もなく、私はそのまま突進し棚にぶつかってしまったのです。蜂蜜の瓶があちらこちらへ飛んでいき、床にガシャン、ガシャンと落下し、壊れる音が響きました。買い物客があきれ顔でこちらを見つめます。そこに店長が姿を現し、「おいおまえ、いったいどこの子だ！」とどなりました。

身体中ドロリとした液体に覆われた私は床にへたり込み、辺りに飛び散った蜂蜜に目を向け、そして店長を見上げました。いったい何年刑務所に入ることになるんだろう、そんな思いが頭をよぎった矢先、背後から母の声が聞こえたのです。「申し訳ありません。この子は私の子です。すべて元どおりにいたします」と。

イエスはきっとペテロについても同じように思われたに違いないのです。「彼はわたしのものだ。すべて元どおりに回復してあげよう」と。

イエスがペテロを元どおりに回復してくださった場所、それはガリラヤ湖の岸辺でした。ペテロと他の弟子たちは、湖を目指して北へ百三十キロメートルほど移動しました。理由は明かされていませんが、彼らは再び漁に出ることにしたのです。しかし、「その夜は何も捕れ」ませんでした（ヨハネの福音書二一章三節）。前回とまた同じことが起きたのです。この湖を幼い頃から知り尽くしたプロの漁師集団が一晩中漁をして、小魚一匹捕れないとはいったいどういうことでしょう。さらには岸辺に立つ見知らぬ人が、自分たちよりも漁について熟知しているのはなぜなのでしょう。

「夜が明け始めていたころ、イエスは岸辺に立たれた。けれども弟子たちには、イエスであることが分からなかった。イエスは彼らに言われた。『子どもたちよ、食べる魚がありませんね。』彼らは答えた。『ありません。』イエスは彼らに言われた。『舟の右側に網を打ちなさい。そうすれば捕れます。』」（同二一章四〜六節）

アラム語にもデジャブという意味のことばはあるのでしょうか。弟子たちはおそらく、まさにこの湖の上で、同じように魚が全く捕れなかったあの日のことを思い出したに違いありません。網を水の上に投げ広げてはむなしく引き上げるのを繰り返した、あの日のことを。少しずつ陽が傾いて夜になり空に星が瞬き始めても、魚が湖の底深く潜み続けていたあの日のことを。やがて夜が明け始めます。

この日の朝も、漁師でもない誰かから、もう一度試してみなさいと声をかけられます。彼らがそのことばに従うと、まさにあの時と同じことが起こったではありませんか。元気に跳ね回るおびただしい数の魚が網にかかったのでした。よそ者から漁のこつを教えられ、突如魚長者となった弟子たちは、そのあまりの数の多さに「もはや彼らには網を引き上げることができなかった」（同二一章六節）と聖書に記されています。

その時、ヨハネはピンときました。岸辺に立つ見知らぬ人がいったい誰であるか分かったのです。「それで、イエスが愛されたあの弟子が、ペテロに『主だ』と言った。シモン・ペテロは『主だ』と聞くと、裸に近かったので上着をまとい、湖に飛び込んだ」（同二一章七節）。

ペテロは、まるで弾丸のような勢いで水に飛び込み、陸地めがけて泳ぎました。陸に上がり岸辺にいるイエスに近づいたペテロは、そこで何を見たのでしょう。それはなんと「炭火」でした（同二一章九節）。

この出来事の前に「炭火」が聖書に登場したのは、ペテロがそのそばに立ち、イエスなど知らないと悪態をついたあの場面でした。

イエスはペテロに炭火をおこして見せることで、こう伝えたかったのではないでしょうか。「あなたがしてしまったことを、わたしは知っているよ。さて、そのことについては二人で話をする必要があるようだね」と。ふつうに考えれば、イエスがペテロに対してひどく怒ったとしても無理はないのです。過去の過ちを厳しく指摘し、ペテロがどんなふうに約束を破ったか再現して見せ、「だから言ったはずだ」と諭すこともできたはずです。釘の跡がはっきりと見えるその手でペテロを指さし、「分かったな、ペテロ」と念押しすることも。そんなふうにイエスがペテロに説教したとしても、何ら不思議ではありませんでした。

しかしイエスはそうなさらなかったのです。ただ一言「さあ、朝の食事をしなさい」（同二一章一二節）と言われただけでした。

もし今の時代だったとしたら、きっと淹《い》れたてのコーヒーをケトルにたっぷり用意してくださったでしょう。

いったい誰がこんなもてなしを予想したでしょう。その数日前、キリストは私たちのために罪の身代わりとして十字架にかかってくださったのです。サタンを打ちのめし、すべての墓を、一時身を寄せるための仮住まいへと変えてくださいました。天では天使たちが、紙吹雪を手に天国の扉へと続く戦勝パレードが始まるのを、今か今かと待ちわびています。しかし祝賀パーティーはまだしばらくおあずけ……。

イエスは、大切な友のためにどうしても魚料理を振る舞いたかったのです。ペテロの心を回復し、新たな使命を与えたいと思われたのでした。イエスは、ペテロの心が罪悪感と後ろめたさでいっぱいなのをご存じでした。イエスは、恵みという名の綿棒で絵画修復士が名画を修復するように、それを少しずつ取り除き始めました。

朝食を終えると、イエスはペテロにこう声をおかけになりました。「ヨハネの子シモン。あなたは、この人たちが愛する以上に、わたしを愛していますか」(同二一章一五節)と。これは私の想像ですが、イエスはあえて他の弟子たちに二人のやりとりを見せたいという思いで、その時ペテロにお尋ねになったのではないかと思います。ペテロはかつてイエスにこう言い放ったのです、「たとえ皆があなたにつまずいても、私は決してつまずきません」(マタイの福音書二六章三三節)と。しかし案の定、ペテロはつまずいたのでした、公衆の目前で痛々しいほどはっきりと。ですからイエスは、他の弟子たちの目の前でしっかりとペテロに向き合うことで、彼の心を回復したのでした。ペテロは主を三度知らないと言いました。主は、それに答えて三回こうお尋ねになりました。

「あなたは、この人たちが愛する以上に、わたしを愛していますか。」（ヨハネの福音書二一章一五節）
「あなたはわたしを愛していますか。」（同一六節）
「あなたはわたしを愛していますか。」（同一七節）
ペテロは一つひとつの問いに答えるたびに、イエスを知らないと言った自分の過ちを心から悔い改めたに違いありません。
「はい、主よ。私があなたを愛していることは、あなたがご存じです。」（同一五節）
「はい、主よ。私があなたを愛していることは、あなたがご存じです。」（同一六節）
「主よ、あなたはすべてをご存じです。あなたは、私があなたを愛していることを知っておられます。」（同一七節）
イエスは、愛を表す最上級のことば「アガペー」を用いて質問なさいました。ペテロは、愛というよりも「好意」に近い控えめなことばで答えました。自慢げで居丈高な態度は消えていました。ペテロは素直な気持ちをそのまま伝えたのです。キリストはさらにペテロに三度にわたり新たな使命を与え、彼の心を完全に回復なさいました。
「わたしの子羊を飼いなさい。」（同一五節）
「わたしの羊を牧しなさい。」（同一六節）
「わたしの羊を飼いなさい。」（同一七節）

イエスはペテロに大切な働きを備えておられました。それはご自分の羊を牧するという務めです。ペテロは大きな挫折を経験しましたが、弟子として不適格の烙印を押されたわけではなかったのです。

「回復」という奇跡

あなたはどうでしょう。あなたも、ペテロのように過去の失敗や挫折に苦しんではいませんか。そのせいで神に見放され、期待などされていないと感じているのではありませんか。もしそうであるなら、神はあなたをけっしてそのまま放っておかれる方ではないことを覚えていてください。失敗し落ち込むことがあるかもしれない。でもイエスは、あなたを切り捨てることはなさいません。ひとりぼっちだと感じることもあるかもしれない。しかし、あなたはけっしてひとりではないのです。イエスはペテロをどこまでも追い求めて救い出し、使命をお与えになりました。イエスはあなたにも同じことをしてくださいます。神はあなたを「御前に立たせることができる方」(ユダの手紙二四節)なのです。

そう、神は、あなたにも「朝食」を用意してくださるはずです。

この物語の主人公はまぎれもなくイエスご自身です。イエスがペテロを見つけ出し、声をかけ、魚を捕らせ、そして炭火をおこし、朝食を用意し、ペテロの告白を導き出し、新しい使命をお与えになりました。キリストとペテロのあいだに百歩ほどの距離があったとするならば、イエスがそのうちの九十九歩、ペテロに向かって歩み寄られたのです。

しかし、ペテロも勇気をもって一歩踏み出す必要がありました。

ペテロは、イエスに会うためにガリラヤに行きなさいとの命令に、すぐに従いました。

岸辺に立っているのがイエスだと分かると、直ちに湖に飛び込みました。

キリストの質問一つひとつに、素直に答えました。

ペテロは、イエスに従い、応じ、そして答えたのです。言い換えるならば、彼は、イエスとの交わりの中にとどまり続けたということです。

時に私たちは、イエスとの交わりから逃れたくなることがあるかもしれません。失敗し過ちを犯すと、私たちはその事実から目をそらしたくなります。そして私たちが最も必要としているお方を避けるようになるのです。そんな思いに負けてはなりません。まっすぐイエスのもとに向かいましょう。イエスに呼びかけ、その御声に耳をすませましょう。そしてイエスに従うのです。

皆さんの中に、この回復の奇跡のみわざを必要としている方がきっとおられることでしょう。私たちは盲人の目が開かれたり、足のなえた人が歩けるようになった奇跡に感動します。わずかなパンで大勢の人が養われたり、ぶどう酒が水がめからあふれる出す場面に励まされます。しかし、私たちが真に必要としているのは、回復なのです。

イエスは、喜んで私たちにもこの奇跡を行ってくださる方です。

私も、イエスに回復していただいた経験があります。それこそ数え切れないほど何度も、岸辺に立つイエスの姿を見てきました。一度その姿が妻の姿と重なったことがありました。私が新しくスマートフォンを購入した時のことです。折りたたみ式から、インターネットに接続できるタイプの機種に変えたのでした。私はインターネットの利用については慎重です。一回か二回クリックするだけで、目にすべきではない女性の画像に思いがけずアクセスできてしまうことに不安を感じるのです。そのため、インターネットに接続できる電子機器には必ずフィルターをかけるようにしています。

しかし、初めてスマートフォンを購入したその日、私の振る舞いはとてもスマートとは言えないものでした。私は、届いたスマートフォンを自分の事務室に持ち込んで箱から取り出し、さっそく充電器につないでみたのです。「こりゃすごいな。この電話機一つでニュースやスポーツ情報、メールまで読めるんだから。」新しいスマートフォンを手にしながら感心しきりの私でしたが、ふとある疑問が頭をよぎりました。「ところでこれ、ちゃんとフィルターがかかってるんだろうか。」

その時私は、すぐに事務室を出て技術スタッフのもとに行き、スマートフォンを手渡してきちんと質問すべきだったのです。その代わりに、私はことばをいくつか打ち込み、ちゃんとブロックされるかどうか、自分で確かめてみることにしたのです。すぐに女性の姿が画面に浮かび上がりました。けっして長いあいだ眺めていたわけではありません。しかし、ほんの一瞬でも目にすべきではありませんでした。

私はすぐに電源を落とし、スマートフォンをポケットにしまい、椅子の背にもたれました。「私としたことが、何てことを！」後悔でいっぱいの私は、すぐにフィルターをかけなくてはと思い技術スタッフに電話をしましたが、あいにく彼らはその日の仕事を終え、帰宅したあとだったのです。そこで仕方なく私も家に帰りました。

あれからすでに十年近くの月日が流れましたが、今でもその晩の出来事をはっきりと思い出すことができます。ディーナリンは夕食の準備をしていました。私は台所に入り、いつもの習慣で上着のポケットにある物をすべて棚の上に置きました。ディーナリンがすぐに私の携帯電話に気づき、「あら、新しくしたのね」と言いながら電源を入れると、なんと先ほどの女性の姿が画面いっぱいに現れたではありませんか。

彼女の傷ついた顔に、私は胸が張り裂けそうでした。どんなにことばを尽くして説明しても、上っ面にしか響きません。二人の間にぎくしゃくした空気が流れ、話し合おうとするとどうしても感情的になってしまいます。その晩、私はほとんど眠ることができませんでした。ベッドからはい出した時、辺りはまだ漆黒の闇でした、そう、まるで私の心みたいに。

洗面所に入り、電気をつけました。ディーナリンは私より先に起きていたようです。洗面所に、その痕跡があったのです。正面の鏡を見ると、妻が口紅で描いた大きなハートマークが、私の目に飛び込んできました。ハートマークの中には、「あなたをゆるします。あなたを愛しているから」という文字がありました。

ペテロには、岸辺での朝食が用意されていました。私には、鏡に描かれた大きなハートマーク。ペテロも私も、恵みを受け取ったのです。計り知れないほどの大きな恵みを。

私たちは、失敗のない人生を歩むことはできません。誰一人として。ペテロも失敗しました。ヤコブも、ダビデも、ソロモンですら。もちろん私も、そしてあなたも。過ちなど断じて犯すまいと固く決心しても、私たちは間違いを犯してしまうのです。ある日、心の中に潜む罪が暴れ馬のように垣根を壊して暴走し、一時、一日、あるいは何十年ものあいだ私たちを翻弄するのです。

もしそのようなことが、過去あなたの身に起きたのならば、ぜひ岸辺に用意された朝食を思い出してください。

もしそのようなことが、今現在あなたの身に起きているならば、岸辺に用意されている朝食を思い出してほしいのです。

イエスは、ペテロのためになさったことをあなたにもしてくださいます。完全かつ完璧な回復のみわざを成してくださいます。

ペテロは、群衆の前で、最初の説教を行いました。ペンテコステの日、初めて人々の前で福音を伝えたのです。エルサレムに集まった大勢の人々の前に立ち、堂々と語るペテロはしかし、そのほんの二か月前、岸辺でイエスが用意なさった炭火の前に立っていたのです。恐れのあまりイエスを知らないと言い放ったペテロを、力強い説教者へと変えることのできたのはどなたでしょう。そう、それはイエスです。

ペテロを変えてくださったように、イエスは、私たちの心も変えてくださいます。

第12章

Believe,
Just
Believe

「ただ信じなさい」

ヨハネはなぜ奇跡を記したのか

ホテルのプールの中で何やらあやしい動きをする中年男性……。プール脇に立ちすくみ、じっとその男性を見つめる四歳の女の子。母親らしき女性がプールサイドの椅子に座り、あきれ顔でため息をついています。他の客たちもいぶかしげにちらちらと様子をうかがっていますが、その男性がいったい何をしているのか分かると、彼らの目に応援の気持ちがこもるのです。その男性とは他でもないこの私、四歳の女の子はまだ幼い頃の娘ジェナです。

子どもをプールに飛び込ませるのはなかなか至難のわざ……。ジェナにはそろそろ勇気を見せてほしいところ。しかしその思いもむなしく、臆病な彼女はどうしても最初の一歩が踏み出せません。プール脇に立ち、足のつま先で縁をつかみ、両腕で身体を抱えたまま微動だにしません。父親が、知りうるかぎりの泳ぎ方を披露したかと思えば、潜ってみたり、いきなり水から飛び出してみたりするのを、ただ黙って見ているだけなのです。

「ほら、ごらん、楽しいぞ!」私はそう声をかけながら、おなかを出して水に浮いてみたり、プールの底まで沈んでみたり、イルカになったつもりでプールの端から端まで泳いでみたりと大忙し。何としてでもジェナにプールに飛び込ませ、水に入る楽しさを味わってもらいたかったのです。

私は子どもの頃、公営プールまで自転車ですぐの場所に住んでいました。夏になると、毎日のように二十五セント玉を握りしめてはプールに飛んで行き、高飛び込みを楽しんだり（時には失敗して腹打ち飛び込みになることもありましたが）、指先が魚のひれに変わるのではないかと思うほど、時間を忘れてプールの中で鬼ごっこに興じたものでした。

「パパが受け止めるから！」私はジェナに呼びかけます。「ぜったい楽しいから！」諦めずに声をかけ続けます。「パパを信じなさい！」最後にそう言うと、やっと決心がついたようでした。

ジェナは勇気を振り絞り、えいっと飛び込みました。思い切って一歩踏み出したのです。プールの「脇」からプールの「中」へとやっと移ることができたのでした。

約束どおり、私はしっかりとジェナを受け止めました。

そして約束どおり、ジェナは無事でした。

何よりすばらしいのは彼女自身が楽しんでくれたことです。それもこれも、ジェナが私を信じ、一歩踏み出したために実現したことなのです。

私たち説教者は、こと信仰に関する事柄を複雑にとらえすぎるきらいがあります。つい理屈をこね、正確さや厳密さを追い求めるのです。神学を専門とする私たちは、救いの条件や悔い改めの根拠について論文を書き、神を信じる上で知るべきこと、しなくてはならないことを定義しては、またそれをくつがえして再定義し、を延々と繰り返すのです。

少し単純すぎると思う方もいるかもしれませんが、神とは、結局のところ「良いお父さん」なのだと私は思っています。「お父さん」である神は真に生きるとはどういうことかを知っていて、子である私たちに勇気を出して一歩踏み出すように、思い切って飛び込むように、呼びかけておられるのです。プールにではなく、喜びと活気、そして何よりも楽しさあふれる、ご自身との交わりのただ中へ。もちろん困難が全くないわけではありません。飛び込むには少し勇気がいるかもしれませんが、たとえ危険を冒したとしても飛び込んでみる価値はあります。少なくともプールサイドでデッキチェアに座ったまま人生を過ごすよりはずっと。

はたしてヨハネが、子どもを泳ぐ気にさせるこつを心得ていたかどうかは知るよしもありませんが、「信仰とは何か」についての私の定義には、きっと大きくうなずいてくれたに違いありません。ヨハネは、自分が記した福音書にもし副題をつけるとしたら「あなたが信じるようになるために」としたのではないでしょうか。

なぜ彼は、水がぶどう酒に変えられた出来事を記したのでしょう。それは、人生の途上で何かを失っても、イエスがそれを補ってくださることを、私たちが信じるためです。

息子が病気になった役人の信仰について書いた理由は何でしょう。それは、たとえ心に疑いが生じても、神は必ず祈りに耳を傾けていてくださることを、私たちが信じるためです。

自分の床を担いで立ち上がった足なえの男や、自分の目の中にある泥を洗い流した盲目の男について書いたのはなぜでしょう。それは、新しくされた私たちの姿をすでにご存じのイエスが、この目を開き新しい世界を見せてくださることを、私たちが信じるためです。イエスが、水の上を歩き、わずかな食物で大勢の人を養い、死人をよみがえらせた出来事を記したのはなぜでしょう。それは、神が、今も嵐を鎮め、人生のさまざまな問題を解決し、死人をよみがえらせる力があることを私たちが信じるためです。

あなたは今、神の恵みを必要としていますか？　イエスの贖いのみわざは完全に成し遂げられたのです。

すべては事実であり本当に起きたことなのだという確信がほしいですか？　イエスが納められていた墓は今も空のままです。

もう一度やり直したいですか？　ガリラヤ湖の岸辺には、今もイエスがおこされた炭火が赤々と燃えているのです。

これらすべての出来事が一つの声となって、あなたを励ましています。奇跡を行われる神は、あなたのことをいつも心にかけ、あなたのために闘い、あなたを助けるために駆けつけてくださることを信じなさい、と呼びかけているのです。

人生の奇跡物語

私たちの人生にとってこれらの奇跡物語は、ルークが周りから受けた温かい声援と同じです。ルークはバスケットボールが大好きな少年でした。そしてシーズン最後の試合で、選手として出場するという夢がやっとかなったのです。

ルークは他の小学生よりも学習するペースがゆっくりでした。周りの同級生と比べて身体の成長もゆっくりでしたが、いつも笑顔を絶やさず純真で、誰からも愛されていました。

教会の牧師が、バスケットボールチームを作りメンバーを募った時、ルークはすぐに手を挙げました。他の少年たちがドリブルやレイアップを練習しているあいだ、ルークはきまってフリースローラインからゴールに向かってシュートの練習を繰り返しました。シュートが決まることはめったにありませんでしたが、たまに成功すると両手を大きく挙げながらこう叫びます。「ねえ見て、コーチ！　見て！」と。するとコーチは満面の笑顔をルークに向けるのです。

そのシーズン、残念ながらチームの成績は振るいませんでした。勝利したのはたった一度だけ、それも、雪嵐のせいで相手チームが足止めをくらい会場に現れなかったための不戦勝でした。その年度最後の試合の相手は、リーグの最強チーム。試合が始まるや否や得点の差が大きく開き、第四クォーターの終了が迫る頃には、ルークのチームは三十点近くも負けていました。その時、ルークのチームメイトの一人がタイムを要求し、コーチにこう言ったのです。「今シーズン最後の試合なのに、ルークは一度も出場していません。ぜひ出してあげたいんですけど、いいですか。」

チーム全員思いは同じでした。そこでコーチはルークをフリースローラインの近くに立たせ、そこで待つように言います。

ルークは大喜びで、コーチの指示した場所に立ちました。ボールがパスされるとゴールめがけてシュートしますが、外してしまいます。相手チームの選手がリバウンドボールを奪うとすぐにゴールに向かいシュートします。その後再びルークにボールが手渡されます。再度シュートに挑戦しますがやはり外してしまいます。相手チームはすかさずボールを奪い、得点を重ねます。

しかし、相手チームの選手たちも、次第に何が起きているのか分かり始めました。すると驚くような行動に出ました。彼らもルークにボールを渡し始めたのです。ルークがシュートをミスするたびに、どちらのチームの選手も彼にボールを回します。そのうち体育館にいたすべての人がルークに声援を送り始めました。

コーチが、もう試合は終了したのだろうと、タイムを気にして時計をちらりと見ました。するとなんと残り時間が四・三秒のままで止まっているではありませんか。タイムキーパーまでルークの応援に回り、テーブルの横に立って皆と一緒に「ルーク！　ルーク！」と叫んでいるのです。

ルークはシュートを繰り返します。何度も何度も試みては失敗しますが、とうとう彼が投げたボールが奇跡的にゴールの縁にぶつかって大きく跳ね上がり、皆が息を凝らして見つめる中、ゴールの輪の中にストンと入りました。ドッと歓声が上がります。ルークは両手を大きく上げ、「勝ったよ！　勝った！」と叫びます。チームメイトたちに囲まれながらルークがコートから出た瞬間に時計の針が進み、ゲーム終了となりました(1)。

私の中で、このルークの物語に福音の物語が重なるのです。私やあなたに対し、神が心からの声援を送っておられる姿が見えるのです。私たちに勝利してほしいと神は願っておられます。バスケットボールの試合だけでなく、信仰において、希望において、人生において勝利をおさめることを。神は私たちに永遠のいのちを勝ち取ってほしいと願っておられます。そして、いつの日か私やあなたが天に向かって勝ちどきを上げるために、あらゆる力を駆使し、あらゆる手段、あらゆる奇跡のわざを用いてくださるのです。

奇跡の出来事は、イエスが何とかしてあなたを勝利に導くための奥の手、いわば、とっておきの隠し玉と言うべきものかもしれません。「奇跡」は、私やあなたの名前を呼びながら、「信じなさい！」と呼びかける天からの応援歌なのです。

そう、イエスは今も奇跡を行い、私たちに信じるように招いておられます。

私の牧会する教会に、その人生のほとんどを脊柱が湾曲する病と闘ってきた女性がいます。彼女は病のせいで成長が妨げられ、睡眠も思うようにとれませんでした。彼女が二十歳の時、ちょうど湾曲した脊柱の辺りに腫瘍が急速に増大しつつあることが分かりました。彼女は手術を受ける前、多くの人に声をかけ、祈ってほしいと頼みました。

手術から目を覚ますと、外科医が驚いた様子でこう言ったそうです。

「先ほど手術室で目にしたものは、レントゲン写真で見たものと全く違っていました。あなたの脊柱には何の異常も認められませんでした。腫瘍が跡形もなく消えていたんです。いったいぜんたい何が起こったんだろう(2)」と。

偶然でしょうか。それとも神が共にいてくださることを示すしるしだったのでしょうか。

今から二十年以上前のこと、マーク・ボウマンはカンボジアにあるキリスト教主義の孤児院の責任者でした。彼は妻と共に力を合わせ、この孤児院の運営のため、井戸を掘ったり病気の子どもの看病をしたりと、それこそどんなことでも労をいといませんでした。孤児たちはマークのことをパパと呼び、マークもまるで我が子のように彼らの面倒を見ていたのです。ところが一九七五年に突然暴動が起こり、マークは、家族と共に急きょカンボジアから出国を余儀なくされました。無事タイまで安全にたどり着くことができたものの、残してきた孤児たちのことが心配で仕方ありません。案の定カンボジアを出て二週間後のこと、孤児院の職員から切羽詰まった声で電話があり、ぜひ戻ってきて助けてほしいと懇願されたのです。

マークはすぐさまバンコクの空港に向かいました。そこは人でごった返し、ひどい混乱状態にありました。何十人もの人々がカンボジア行きの航空券を求め、チケットカウンターに殺到していたのです。カウンター越しにスタッフが「もう航空券は一枚もありません！」と叫んでいます。マークはなすすべもなく途方に暮れてしまいました。

しかし、ふと他の航空会社のカウンターを見ると、不思議なことにそこには誰も並んでいないのです。マークはそのカウンターへと歩いて行き、スタッフの女性にカンボジア行きの航空券はないか尋ねてみました。すると彼女は、「ええ、一枚でしたらありますよ。パスポートを拝見できますか」と言うではありませんか。

その二時間後、マークは無事カンボジアの地に降り立つことができたのでした。(3)誰も並んでいないカウンター。たった一枚残っていた航空券。

これは偶然でしょうか、それとも神のお計らいでしょうか。

ヨハネの願い

昨日、私はクレジットカードのカスタマーサービスの連絡先にやっと電話をすることができました。私のカードにちょっとした問題があり、しかしそれほどたいしたことでもないので、二か月ものあいだ連絡を先延ばしにしていたのです。いざ電話しようとするたびに、何かしら他に用事ができて後回しにせざるをえなかったのでした。しかしやっと電話をした時、今まで連絡できなかった背後には、ある理由が、あるいはどなたかのお考えがあったことを悟ったのです。

電話に出た担当者に自分の名前を告げると、彼女は「今、マックス・ルケードっておっしゃいました？　もしかしてあのマックス・ルケードさん？」と聞いてきました。私の名前を聞いてこんな反応をするのはたいていの場合、私の保護観察官か（冗談です、私に犯罪歴はありません）、私の本の読者です。

果たして彼女は後者でした。彼女は、ここ何年ものあいだ私の本にどれだけ励まされてきたか語り始めました。そして今もその一冊をベッド脇に置いているのだと話したとたん、急にことばに詰まり、何もしゃべれなくなってしまったのです。しばらくのあいだ、彼女は嗚咽《おえつ》し、私は黙ったまま受話器を握っていました。

その後彼女は冷静さを取り戻し、仕事を忘れ取り乱してしまったことを詫びました。私は、全く気にしていないと伝え、もしよければ事情を話してくれませんかと言いました。

彼女は、先ほど病院で、自分がうっ血性心不全だと宣告されたばかりであることを打ち明けてくれました。ことの重大さに打ちのめされた彼女は、職場に向かう途中ご主人に電話をしましたが、仕事中なのか出てもらえず、息子さんにも電話をしましたが同じく出てもらえませんでした。涙をこらえながら職場に到着したものの、誰かと話をしたくてこう祈ったのだそうです。「主よ、お願いです。今の気持ちを聞いてもらえる人はいないでしょうか。誰でもいいんです」と。

彼女が仕事の席に着き、すぐに電話が鳴ったので受話器を取ると私が出たというわけです。なんというタイミングでしょう。大勢のスタッフの中で、私の電話を受けたのは彼女でした。そしてカスタマーサービスに電話をする機会が何日もありながらも、私がかけたのはちょうどその日だったのです。

このような話は枚挙にいとまがありません。

色々と理由をこじつけることもできるでしょう。ただの偶然だと片付けてしまうことも。でも、そこには何か目的が隠されている、つまり私たちはどんなときも神に見守られ、助けが備えられているのだと受け取ることもできるのです。私たちは、運命という風に翻弄される風向計などではありません。私たちのことを常に心にかけていてくださる全能の神、善なる方の子どもなのです。

ヨハネが心から願っていたこと、それは、「イエスが神の子キリストであること」（ヨハネの福音書二〇章三一節）を、まだイエスを信じていない人々が信じるようになり、そしてすでにクリスチャンである私たちが信じ続けることでした。

そうなのです。ヨハネの願い、彼が記した福音書に込められた願い、言うまでもなく神の願い、そして本書の願いは、そこにあるのです。私たちが、自分の力、人類の自助力、タロットカードや幸運、優れた容姿などを頼みにするのではなく、イエスを信じることです。キリスト、メシア、油注がれた方、神の御子であるイエスを。

奇跡の出来事は、他でもない、奇跡を行われるイエスがどのようなお方であるかを伝えようとしているのです。イエスは、あなたはけっしてひとりではないことを知ってほしいと願っています。あなたは必ず助けと希望と力が与えられます。あなたは自分で思うよりもずっと強い、なぜなら神は、あなたが思うよりもずっと近くにいてくださるのですから。

イエスがあなたに知ってほしいこと、それは……。


わたしは、あなたのことをすべて知っていること（詩篇一三九篇一節）。

わたしは、あなたが座るのも立つのも知っていること（同二節）。

わたしは、あなたの髪の毛さえも、すべて数えていること（マタイの福音書一〇章三〇節）。

わたしは、あなたを子としたこと（ローマ人への手紙八章一五節）。

わたしは、あなたが母の胎を出る前からあなたを知っていること（エレミヤ書一章四、五節）。

あなたはわたしの心そのもの、そしてわたしの心には善しかないこと（エペソ人への手紙一章一一、一二節）。

わたしは、あなたの人生の日数をすでに定めているということ（詩篇一三九篇一六節）。

わたしは、あなたを子どもとして愛していること（ヨハネの手紙第一　三章一節）。

わたしは、何から何まであなたの面倒を見ること（マタイの福音書六章三一～三三節）。

わたしは、あなたを永遠の愛をもって愛していること（エレミヤ書三一章三節）。

わたしは、あなたのことを考えずにはいられないこと（詩篇一三九篇一七、一八節）。

あなたは、わたしの宝であること（出エジプト記一九章五節）。

わたしは、あなたとともに、大いなることをするつもりであること（エレミヤ書三三章三節）。

わたしの愛からあなたを離すものは何もないこと（ローマ人への手紙八章三八、三九節）。

この章の冒頭に、私と娘のエピソードを記しましたね。最後にもう一つご紹介してもよいですか？

娘たちがまだ幼かった頃、私は仕事で遠出をするたびに、娘たち一人ひとりに小さなお土産を買って帰る習慣がありました。帰宅すると、「パパが帰ったぞ！」と叫びます。すると娘たちがそろってやって来て私に抱きつきます。彼女たちが開口一番「お土産はなあに？」と聞いても私はちっとも気にしません。それぞれ新しいおもちゃを手にしたとたん、そのまま走り去っても気を悪くしたりしません。一つには疲れていて身体を休めたいのもありますが、もっと大きな理由は、彼女たちが必ず私のもとに戻ってきてくれることを知っているからです。夜寝る時間がくると、おふろを済ませたパジャマ姿の娘たちがやって来て私の膝に上ります。そして私が本を読んだり物語を語って聞かせるうちに、そのまま寝入ってしまいます。

彼女たちに安らぎをもたらすのは、私のお土産《presents》ではなく、私の存在《presence》そのものなのです。

神が、数え切れないほどの奇跡の出来事を通してあなたの人生を祝福してくださいますように。あなたの水が、極上のぶどう酒に変えられますように。あなたを翻弄する嵐がしずまり、暖かな春の陽光にあふれますように。あなたの信仰によって何千人何万人もの人々が養われますように。あなたが、たった今癒やされた足なえのごとく歩き、たった今目が開かれた盲人のごとく見るようになり、たった今死からよみがえったラザロのごとく生きることができますように。十字架の恵み、空となった墓の希望、神の回復の力の確かさにとどまり続けることができますように。そして何よりも、神が常に共にいます助け主であることを信じ、その方のうちに安らぎを見出すことができますよう、心から願ってやみません。

Questions for Reflection

スタディガイド

アンドレア・ルケード作成

第一章　私たちにはできなくとも、神はできる！

1

あなたは、「奇跡」についてどう思いますか。

・聖書に記された奇跡物語を信じますか。その理由も教えてください。

・現代において奇跡は実際に起きると思いますか。

・実際に奇跡を体験、あるいは目撃したことはありますか。あるとしたら、それはどんな出来事でしたか。

2

聖書に記された中で、あなたが最も好きな奇跡物語は何ですか。

・その奇跡物語が好きな理由を教えてください。

・その奇跡物語から、イエスが人々に対してどんな思いを抱いておられることが分かりますか。

3

著者は、ヨハネの福音書にはどんな特徴があると記していますか。

・もしあなたがイエスの弟子の一人で、イエスの生涯について福音書にまとめるとしたら、どのようなことに焦点をあてて書こうと思いますか。その理由も教えてください。

4 ヨハネの福音書二〇章三〇、三一節はこう記します。「イエスは弟子たちの前で、ほかにも多くのしるしを行われたが、それらはこの書には書かれていない。これらのことが書かれたのは、イエスが神の子キリストであることを、あなたがたが信じるためであり、また信じて、イエスの名によっていのちを得るためである。」

・聖書に書かれていない奇跡には、どんな出来事があったのか想像してみましょう。人々が癒やされ、罪赦され、救われる場面を思い浮かべてみましょう。もしあなたが登場するとしたら、どんな場面だと思いますか。

5 この章の冒頭で、ある女性が「自分だけが頼りなのに、もう何もできなくて……」とつぶやきます。

・あなたもそんな気持ちになったことがありますか。もしあるとするなら、どんな状況に置かれていた時でしょう。

・あなたは孤独を感じることはありますか。それはどんな時でしょう。孤独感は、あなたの行動や態度、そして信仰にどんな影響を及ぼしますか。

6 著者は、ダラスにあるパークランド記念病院が行った調査について記しています（一六ページ）。調査の結果どのようなことが分かりましたか。

・その結果を知って、あなたはどう思いましたか。それは意外な結果でしたか。どうしてそう思ったか理由を教えてください。

7 著者は次のように問いかけをしています。「あなたは、イエスが、偉大なだけでなく、弱い立場の人、傷ついた人に心から同情してくださる方であると信じますか。病院の待合室、リハビリ施設、療養室に一人横たわり孤独と闘うあなたを心に留めてくださっていると信じますか」と。（一七ページ）

・あなたはこの問いかけにどう答えますか。

・あなたには、イエスが偉大なだけでなく愛の方であることを信じるきっかけとなった経験はありますか。

8 空欄にことばを埋めてください。「私たちは、ヨハネが物語に込めたメッセージをくみ取りながら、これらの奇跡を、単なる（　　　　　）としてではなく、神の（　　　　　）として注意深く見ていかなければなりません。」（一四ページ）

・本書を通し、あなたはイエスについてどんなことを学びたいですか。

・奇跡についてどのようなことを学びたいですか。
・あなた自身について学びたいことは何ですか。

9 マタイの福音書は次のことばで締めくくられています。「見よ。わたしは世の終わりまで、いつもあなたがたとともにいます」（マタイの福音書二八章二〇節）。
・イエスのこのことばに耳を傾けているヨハネになったつもりで想像してみてください。このことばを聞いてどんな気持ちになりますか。
・この約束は、今のあなたにとってどのような意味を持ちますか。

10 ヨハネの福音書二〇章三〇、三一節をもう一度読みましょう。
・この聖句を読んで、最も印象に残った箇所はどこですか。その理由も教えてください。
・ヨハネは、私たちは信じることによって「イエスの名によっていのちを得る」のだと約束しています。それはどういう意味でしょう（一二ページ三～一〇行参照）。あなたにとって「イエスの名によるいのち」は、どれほどの意味や価値がありますか。

第2章　失ったものを補ってくださる主

1

ヨハネの福音書二章一～一一節を読みましょう。

・マリアがぶどう酒がないことをイエスに真っ先に報告したのはなぜだと思いますか。

・イエスはマリアから「ぶどう酒がありません」と言われた時、初めのうちは奇跡を行うことをためらわれました。「わたしの時はまだ来ていません」とはどういう意味でしょう。

・イエスのことばを受けたマリアは、給仕の者たちに「あの方が言われることは、何でもしてください」と指示をしました。マリアはイエスがどのような方だと信じていたのだと思いますか。

・自分自身を振り返ってみましょう。著者は次のように記しています。「『何でも』とは、文字どおり何でも、なのです。イエスの言われることは何でも、イエスの命令されることは何でも。それがいかなることであれ、そしてどんなことであろうとも」と（三四ページ）。あなたは、この「何でも」ということばの意味をどう捉えてよいか分からず、イエスに祈り求めるのをためらったことはありますか。それはなぜですか。

❷ ピリピ人への手紙四章六節を読み、空欄を埋めましょう。「何も思い煩わないで、(　　)、感謝をもってささげる祈りと願いによって、あなたがたの願い事を神に知っていただきなさい。」この聖句に基づくならば、私たちが祈ってはならないこととは、どんなことでしょうか。

❸ 今のあなたにないものは何でしょう。時間でしょうか、健康でしょうか、資金でしょうか。それがないことで、あなたの日々の生活や他者との関係、信仰にどのような影響がありますか。あなたはそのことをキリストに祈り求めたことはありますか。

・祈り求めたことがないと回答した方、祈るのをためらったのはなぜですか。

・祈り求めたことがあると回答した方、その祈りはどのようなかたちで応えられましたか。

❹ イエスは、最終的にマリアの祈りに応え、水をぶどう酒に変えてくださいました。イエスがそうしてくださった理由について、著者はどのように説明していますか（二九ページ参照）。

5 イエスが水から変えたぶどう酒には、どんな特徴がありましたか（ヨハネの福音書二章九、一〇節）。

・多くの人がすでに酔いが回り、ぶどう酒の良し悪しに気づかない可能性が大きかったにもかかわらず、イエスがあえて良いぶどう酒に変えたのはなぜだと思いますか。

・この物語から、イエスはあなたの祈りにどのように応えてくださることが分かりますか。

6 パウロは、エペソ人への手紙の中で次のように記しています。「どうか、私たちのうちに働く御力によって、私たちが願うところ、思うところのすべてをはるかに超えて行うことのできる方に、教会において、またキリスト・イエスにあって、栄光が、世々限りなく、とこしえまでもありますように。アーメン」（エペソ人への手紙三章二〇、二一節）。

・あなたが大切に思っている人から何かを求められ、その人が願っているものよりも多く与えたという経験はないでしょうか。たとえば、孫にクッキーをもう一枚多くあげたり、息子に車のガソリン代に添えて飲み物代も渡したり、引っ越し荷物を運ぶのを手伝ってほしいと友人から頼まれ、ついでに家の片付けやカーテンの取り付けまでやってあげる等。

・頼まれたことよりも多くの物や労力を提供するのは、どのような動機からでしょう。

あなたはそうすることで、どんな気持ちになると思いますか。
・私たちを愛し、この世界を司る神は、祈り求めるあなたに、あなたが願う以上のものを与えてくださる方だと思いますか。

❼ イエスがこの奇跡を行った目的は何だったと思いますか。自分のことばで説明してみましょう。

第3章　ささげられた祈りに答えが与えられるまでの、長い道のり

❶ あなたは今、ささげた祈りへの答えを待っているところですか。どんな祈りですか？ なぜ神はその祈りへの答えをすぐに与えてくださらず、待たされているのだと思いますか。

❷ 道を歩いている自分の姿を思い浮かべてみてください。ささげた祈りが出発地点、その祈りへの答えが目的地です。あなたは今、どの辺りまで来ていると思いますか。どんな気持ちでこの旅を続けていますか。

3

ヨハネの福音書四章四六、四七節を読みましょう。

・カペナウムからカナまでどのくらいの距離がありますか（四三ページ参照）

・役人は、なぜそんなに遠い場所までイエスに会いに向かったのでしょう。

・四七節を読みましょう。役人はイエスにどんなことを頼みましたか。

・あなたは神に何かを必死に願い求めたことはありますか。それはどんな願いでしたか。そこまで必死に願ったのはなぜですか。

・神はあなたの祈りに対し、あなたが願ったかたちでお応えくださいましたか。そうでなかった時のことを思い出してください。そのことはあなたの信仰にどのような影響を与えましたか。その理由も教えてください。

4

ヨハネの福音書四章四八節を読みましょう。イエスは懇願する役人に何とお答えになりましたか。

・著者は、イエスはどんな意図があってそうお答えになったのだと記していますか（四四～四六ページ参照）。

・ヨハネの福音書四章四九節を読みましょう。イエスの答えを受け、役人は何と言いましたか。あなたなら何と言うでしょう。その理由も教えてください。

5 ヨハネの福音書四章五〇節はこう記します。「イエスは彼に言われた。『行きなさい。あなたの息子は治ります。』その人はイエスが語ったことばを信じて、帰って行った。」

・もしあなたが役人であったとしたら、カナからカペナウムまでの道のりを、どんな思いを抱きながら帰ったと思いますか。

・最近、あなたが祈りの答えをいただくまで、思った以上に時間がかかったことはありますか。その間、あなたはどんな気持ちで過ごしましたか。

・あなたと役人は、気持ちや思いの上でどのような違いがあったでしょう。

6 あなたは次の問いかけにどう答えますか。「いつどのように解決が与えられるか分からない中、信仰によって歩むにはどうしたらよいのでしょう」(五〇ページ)。自分の経験を振り返りながら考えてみましょう。

7 詩篇四六篇一節を読みましょう。「神は　われらの避け所　また力。苦しむとき　そこにある強き助け。」

・私たちが何か問題に直面している時、神はどのような助けを与えてくださるでしょう。

・神は共にいてくださるという確かな思いが与えられたことはありますか。それはどんな時でしたか。その時、力や確信、喜びがわいてくるのを感じましたか。
・もしないのであれば、困難に直面した時、友人や恋人、伴侶が一緒にいてくれたという経験はありませんか。その時どんな気持ちがしたか思い出してみましょう。困難のただ中にあって誰かがそばにいてくれることを、心強く感じましたか。

8 ヨハネの福音書四章五一～五三節を読みましょう。
・役人の息子の病気が癒やされたことのほかに、どのような奇跡が行われましたか。
・あなたの祈りに答えが与えられるまでの旅路には、何かほかに大きな目的が隠されていると感じたことはありますか。
・祈りの答えを待つ中、自分が思い描いていたのとは異なる計画を神から示された経験はありませんか。その時に、最初にあなたが感じたことは何ですか。最終的に、その計画に込められた神の目的に気づくことはできましたか。

9 イエスは、役人に「行きなさい。あなたの息子は治ります」と言われました（ヨハネの福音書四章五〇節）。役人は、そのことばにどう応えましたか。あなたはその人と同じようにできますか。旅の終わりに何が待ち受けているか分からず、神が自分の願いどおりに祈りに応えてくださるか分からなくとも、聖書にあるイエスのことばを信じ、旅を全うするためには、どんなことが必要だと思いますか。

第4章 「起きて、床を取り上げ、歩きなさい！」

1 著者は、私たちは誰でも何かにはまって身動きがとれなくなってしまった経験があると述べています（五七ページ）。

・今現在、あなたは何かにはまって抜け出せなくなってしまっていると感じることはないですか。

・もしそうなら、どんなふうに身動きが取れないのですか？ そうなってからどのくらい経ちますか？

・その原因は何でしょう。

2 「それからイエスは、すべての町や村を巡って、会堂で教え、御国の福音を宣べ伝え、あらゆる病気、あらゆるわずらいを癒やされた。また、群衆を見て深くあわれまれた。彼らが羊飼いのいない羊の群れのように、弱り果てて倒れていたからである」（マタイの福音書九章三五、三六節）。

・あなたはこの聖句に記された「群衆」のように、あまりにも大きな問題に直面し、自分の力では何もできず、どこに向かったらよいのかさえ分からなくなってしまったことはありますか。その時のあなたの状況を説明してみてください。何かにはまって抜け出せないように感じたでしょうか。
・もし今、何かにはまり込んでいるなら、あるいは過去にそんな経験があるなら思い出し、どこに助けを求めたらよいか考えてみましょう。

3

ヨハネの福音書五章一〜六節を読みましょう。
・ここに登場する男は、何年病気を患っていましたか。
・あなたは病気で苦しんだことはありますか。あるいは何かの出来事で辛い思いをしたことはありますか。その苦しみはどのくらいの期間続きましたか。
・それは、あなたの人生、あなたの感情面や信仰にどんな影響を与えましたか。
・イエスは病気の男に何とお尋ねになりましたか。
・病気の男はどう答えましたか。
・問題にはまり込んで身動きが取れなくなったあなたに、イエスが同じ質問をなさったとします。あなたならどう答えますか。

4 著者は、イエスの質問をこう言い換えています。あなたは、「はまり込んでしまった穴からはい上がる覚悟はあるのか」と（六二ページ）。

・もしはまり込んでしまった穴にとどまりたいと思うとしたら、それはどんな理由からだと思いますか。

・あなたは、その穴からはい上がる道を知りながら、あえてそこにとどまろうとしたことはありませんか。それはなぜでしょう。

5 イエスは、言い訳をする病気の男に何とおっしゃいましたか（ヨハネの福音書五章八節）。

6 著者は、八節の聖句から、三つの行動を取るように勧めています。一つひとつの行動にはどのような意味があると思いますか。

・「起きる」とは？「床を取り上げる」とは？「歩く」とは？

・もしあなたが今、何かにはまり込んでしまっていると感じるなら、どうすれば「起きる」ことができるでしょう。どうすれば「床を取り上げる」ことができるでしょう。どうすれば「歩く」ことができるでしょう。

・このうちの三つの行動のうち、あなたにとって何が一番難しいでしょうか。

7 この章には、バーバラ・スナイダーのエピソードが記されています。著者は、「これこそキリストの奇跡なのです。イエスが介入し、事を起こしてくださいました」と記していますが、バーバラ自身がしなければならないこともありました。それはどのようなことでしたか（六五～六六ページ参照）。

8 空欄にあることばは何でしたか。
「イエスを信頼しましょう。イエスも（　　　　　　　　）を信頼してくださっているのですから」（六四ページ）。

私たちにとって、しばしば「はまって動けない」状態が当たり前の日常になってしまうことがあります。抱えている問題から抜け出そうと行動することに不安を覚えてしまうのです。しかし著者はこう記します。「イエスは、あなたが必ず起き上がり、床を取り上げて歩き出せると信じています。あなたは、自分で思うよりもはるかに強いのです」と（六四ページ）。あなたもそう思いますか、それともそうは思いませんか。それはなぜでしょう。

9 この章に登場する、妻を亡くした男性のように、あなたも、「自分にはできない」と感じていることを紙に書き出してみましょう。
・どのくらいのあいだ、それらはあなたにとって「できないこと」となっているでしょう。
・紙に書き出した「できないこと」のうち、ひょっとしてできるかもしれないと思うものはありますか。
・紙に書き出した「できないこと」のうち、絶対にできないと諦めてしまっていることはありますか。
・「できないこと」を書いた紙をどこかに埋めるか、あるいは破いて捨ててしまいましょう。そのように何か具体的に行動を取ることで、「できないこと」から抜け出す一歩を踏み出しましょう。それら一つひとつを神に差し出し、すっかりゆだねてしまいましょう。

第5章　必ず道はある！

❶ あなたは、車の渋滞、あふれるほどの洗濯物、未決箱に山と積まれた書類など、日常の些細なことで、圧倒されたように感じることはありませんか。

・このようなことを目の前にしたとき、あなたはいつもどんな反応をしてしまいますか。

・あなたは特にどんな状況に置かれたとき、圧倒された気持ちになりますか。

・あなたは、今、どうしてよいか分からないような深刻な問題を抱えてはいませんか。

❷ この章は、イエスが五千人もの人々を養った物語について記しています。著者は、五千人というのは男性だけで、女性や子どもは数に含まれていないと指摘しています。つまり、この日集まった人々は、一万五千人ほどだった可能性があるということです。

・あなたは、今まで最も多くて何人のために食事を用意したことがありますか。あるいは最も多くて何人の人と一緒に食事をしたことがありますか。

・大勢の人に食事を出すとき、どんな準備や手順が必要か書き出してみましょう。

・次に、一万五千人分もの食事を用意すると想像してみましょう。どれほどの労力、計画、そしてお金が必要か考えてみましょう。

3 イエスはピリポに尋ねます。「どこからパンを買って来て、こんなに大勢の人々に食べさせようか」（ヨハネの福音書六章五節〈ブルーナー訳〉）。ピリポは答えました。「こんなに大勢の人々では、一人ひとりがほんの一口ずつ食べたとしても、たとえ何千ドルものパンがあっても足りません」（同六章七節〈ブルーナー訳〉）。アンデレはこう答えました。「ここに、大麦のパン五つと、魚二匹を持っている少年がいます。でも、こんなに大勢の人々では、それが何になるでしょう」（同六章九節〈ブルーナー訳〉）。

・ピリポは、なぜこのように答えたのだと思いますか。
・アンデレは、なぜこのように答えたのだと思いますか。
・イエスはその後の展開をご存じのはずなのに、どうしてこのような質問をなさったのでしょう。
・弟子たちの答えから、彼らがイエスの力についてどのように思っていたことが分かりますか。

4 アンデレとピリポは、大勢の群衆を養わなければならない課題を前に、それぞれ異なる問題に直面します。

・アンデレが問題にしたことは何ですか。
・ピリポが問題にしたことは何ですか。
・あなたが今置かれている困難な状況の中で、問題だと感じていることは何ですか。
・その問題を克服するためには何が必要だと思いますか。
・あなたはその問題を克服する力が自分にあると思いますか。その理由も教えてください。

5 イエスの力を疑う弟子たちについて、著者は次のように記しています。空欄のことばを埋めてください。「彼らは、おなかを空かせた群衆の人数を数え、何とか手に入れた魚とパンの数を数え、財布にわずかに残っていたお金を数えることはしても、肝心かなめの（　　　　　　）を数に入れることをしなかったのです」（七八ページ）。
・弟子たちはイエスのことを知っており、また信じ、奇跡を行うその姿を目撃していたにもかかわらず、なぜこの時、イエスに助けを求めなかったのでしょう。
・今までにあなたが難しい問題に直面し、キリストに助けを求めた時のことを思い出してください。それはどんな問題でしたか。どのような解決が与えられましたか。

6 ヨハネの福音書六章一一〜一三節を読みましょう。

・イエスはどのようにして群衆を養いましたか。
・皆はどのくらいの量の食べ物が与えられましたか。
・皆が十分食べても食べ物が余るほどであったことから、イエスご自身について、またイエスのなさった奇跡についてどんなことが分かりますか。

7 著者は、この奇跡について、「私たちには不可能でも、イエスには可能なのです。私たちが何か問題に直面する時、それは、イエスにできないことは何もないことを証明する、またとないチャンスとなる」と記します（八〇ページ）。
・著者のこのことばを読んで、どう思いますか。
・今まで、自分にはできない方法でイエスが問題を解決してくださったことはありますか。イエスはどんな方法で解決してくださいましたか。その時のことを教えてください。
・イエスは、今あなたが抱えている問題も解決することができると思いますか。その理由も教えてください。

8 イエスは自分の問題を必ず解決してくださると信じるためには、工夫が必要です。まず、今の困難な状況をそのまま見るのではなく、こんなふうに変わってほしいと思う状況を思い描きましょう。あなたが今抱えている問題が良い方向へ変わることを信じ、具体的に想像してみるのです。どんなにありえないと思ってもかまいません。身体が癒やされ元気になる。関係が回復し再び交流が始まる。心から楽しんで仕事ができるようになる等。それを紙に書き記し、心を開き、イエスはどのようにそれを可能にしてくださるか思い巡らしてみましょう。

第6章「嵐の中、わたしはあなたとともにいる」

1 この章の始めに、著者は、子どもの頃の痛ましい体験について記しています。その晩ひとり台所で聖餐にあずかっていた時、著者は心に平安を感じたと言います。それはどうしてでしょう。

・人生の辛く苦しい時期、神がすぐ近くにいてくださるのを感じたことはありますか。
・その時、神が近くにいてくださることがどうして分かりましたか。その時、どのような気持ちになりましたか。
・人生の辛く苦しい時期、神ではなく、他に助けを求めたことはありますか。もしあるとしたら、それはどうしてですか。神に助けを求めようとしなかった理由は何でしょう。

2 空欄のことばを埋めましょう。「イエスは、厳しい試練と困難のただ中にある（　　　　）に、必ず来てくださる」（八八ページ）。

この章で紹介された奇跡の出来事では、文字どおりそのことが起きました。ヨハネの福音書六章一四〜一七節を読みましょう。

・弟子たちはどのような行動を取りましたか。
・その時、イエスはどこにおられましたか。

3 ヨハネの福音書六章一八、一九節を読みましょう。弟子たちがイエスが近づいて来られるのを見た時、マタイの福音書一四章二四節によると、弟子たちの舟はすでにガリラヤ湖の真ん中辺りまで来ていたことが分かります。そこから無事に岸まで引き返せる保証はありません。嵐の中その場にとどまるか、目的地を目指して先に進むしかありませんでした。

・あなたは人生においてどのような嵐を経験しましたか。
・嵐のあいだ、どんな気持ちでしたか。
・その嵐は、最後どのようにして止みましたか。

・あなたは今嵐のただ中にいるのかもしれません。その嵐が起きた原因は何ですか。その嵐は始まったばかりですか、それとも今、激しい雨や風に翻弄されている最中でしょうか。あるいは嵐は少しずつ収まりつつありますか。

4 著者は、私たちは嵐の中で三つの困難に直面すると記しています。一つ目は岸（解決）まで遠いこと、二つ目は嵐の中にいる期間が長いこと、三つ目は荒ぶる波（問題）の前に自分が無力であること。かつて嵐の中にいた時、あるいは今現在経験している嵐において、あなたにとって最も大きな苦しみとなった（である）のは、この三つのうちどれでしょう。

5 ヨハネの福音書六章一九節は「弟子たちは、イエスが湖の上を歩いて舟に近づいて来られるのを見て恐れた」と記しています。その場に自分がいると想像してみましょう。あなたは必死に舟を漕いでいる弟子の一人であったとします。広い湖に浮かぶ小さな舟の上で嵐に襲われたあなたはどんな気持ちでしょう。そこに愛するラビの姿が見えたと想像してみてください。その方は舟の中や岸にいるのではなく、湖の上を歩いています。

・そんなキリストの姿を目撃したあなたは、どんな気持ちになると思いますか。

・頭ではどんなことを考えるでしょう。その理由も教えてください。

6 イエスは、戸惑う弟子たちを思いやり、「わたしだ。恐れることはない」（ヨハネの福音書六章二〇節）と声をおかけになりました。

・「わたしだ」は、原語を直訳するとどういう表現になりますか（九二ページ参照）。このことばにはどんな大切な意味があるでしょう。

・イエスは、ご自身の名を伝えたあと何とおっしゃいましたか。

・弟子たちはイエスに「恐れることはない」と言われ、どんな気持ちがしたでしょう。

7 著者は、嵐の中を通る私たちにとって、何が一番必要だと記していますか（九一～九四ページ参照）。あなたはこのことについてどう思いますか。理由も教えてください。

8 ヨハネの福音書六章二一節を読みましょう。弟子たちがイエスを舟に迎え入れるとどんなことが起こりましたか。

9 もしあなたが人生の嵐のただ中にイエスを迎え入れたとしたら、イエスはどんなことばをかけてくださると思いますか。そして何をなさるでしょう。

・あなたは人生において辛く苦しかった時、そのただ中にイエスを迎え入れたことはありますか。
・その時、混乱、絶望、苦しみの中にいたあなたに何か変化は訪れましたか。
・困難に直面している時、イエスを迎え入れることにためらいを感じたことはありますか。
・人生の嵐のただ中に喜んでイエスを迎え入れるためには、イエスのご性質や力についてどのようなことを知る必要があるでしょうか。

10 この章の後半に、モデルのキャサリン・ウルフのエピソードが記されています。あなたが人生の嵐の中にイエスを迎え入れた時、状況は依然そのままでも、あなた自身が変わったという経験はありませんか。その時のことを教えてください。

11 もう一度、イザヤ書四三章一〜三、五節を読みましょう。この聖句にある神の約束のうち、今特に自分にとって必要だと思うものは何でしょう。その理由も教えてください。

第7章　見えるようにしてくださる主

❶ この章で扱った奇跡の出来事は、ヨハネが記した他の奇跡物語と比べ、どのような顕著な違いがあると著者は述べていますか（一〇一～一〇二ページ参照）。そこにはヨハネのどんな思いがあったのでしょうか。

❷ 空欄にことばを書き入れましょう。「イエスは、物乞いの目を癒やされたように、私たちの（　　　　）を癒やしたい、つまり私たちの（　　　　）を開いて、見える者となるようにしたいと願っておられる」（一〇二ページ）。

・あなたは、心の目が開かれたと感じた経験がありますか。それは、イエスの救いを受け入れた時でしょうか。イエスに関する真理を深く理解できた時でしょうか。その時のことを教えてください。

・その時を迎えるまで、あなたは何に対して盲目でしたか。

・新しく「見えるようになった」時、どのように感じましたか。

・まだあなたは霊的な意味で「目が開かれる」経験をしたことがないかもしれません。信仰に関係のないことでもかまいません、ある時目が開かれるような経験をしたことで、物事や人物について深い理解が与えられたことはありませんか。その時のことを教えてください。何がそのきっかけとなりましたか。

3 ヨハネの福音書九章一、二節を読みましょう。目の見えない人に対するイエスと弟子たちの見方には、どのような違いがありましたか。この違いを知ることで、この奇跡の出来事から大切なことを学ぶことができると著者は述べています。それはどんなことでしょう。

4 ヨハネの福音書九章三〜七節を読みましょう。イエスは、この物乞いをどのような方法で癒やされましたか。

・イエスがあえてこのような方法で癒やされたのはなぜだと思いますか。
・あなたは今までに「泥が目に塗られている時」（はっきりと見えるようになるために通らなくてはならない辛く困難な時）を通ったことはありますか。
・その「泥」が目にあるあいだ、あなたはどんな気持ちでしたか。
・「泥」が取り除かれたとき、あなたはどのように感じましたか。
・神は、なぜこのような方法で私たちに大切なことを教えようとなさるのだと思いますか。

・今あなたはまさに「泥が目に塗られている時」を通っている最中かもしれません。イエスはあなたに何を見せようとしておられるのだと思いますか。

5 イエスは、盲人の目をすっかり癒やすために、シロアムの池で洗うように命じられました(ヨハネの福音書九章七節)。池までの道のりは、盲人にとってけっして楽なものではなかったと著者は述べています(一〇八ページ参照)。それでも彼が池に向かったのはなぜだと思いますか。

・あなたは今までに理由が示されないまま、神から難しいことを命じられたことはありますか。

・あなたはそれに従いましたか、それとも拒みましたか。その結果どうなりましたか。

・この時の物乞いの男の行動から、彼がどのような性格の持ち主であったことが分かりますか。

6 ヨハネの福音書九章一三〜二〇節を読みましょう。目が癒やされた物乞いの男に対し、パリサイ人たちはどのような態度を取りましたか。

・物乞いの男はパリサイ人たちにどう答えましたか。

・あなたの霊的な目が開かれた時、あなたの新しい考え方や理解に対して懐疑的な態度を取る人が周りにいませんでしたか。
・なぜその人はそのような態度を取ったのだと思いますか。
・そのような態度を取られて、あなたはどう感じましたか。自分、あるいは自分の信仰体験を擁護するため、あなたはその人にどのようなことばをかけましたか。

7 結局、パリサイ人たちは目が癒やされた物乞いの男を会堂から追い出してしまいました。このことは男にとって重大な出来事でした。礼拝場所を失ったわけですから。パリサイ人たちはなぜこれほどの仕打ちを彼にしたのでしょう。
・真実を突いたり耳に痛いことを言う人を、教会指導者が疎外するのを見たり聞いたりしたことはありますか。
・真実を述べることを攻撃と受けとめられてしまうことがあるのは、なぜだと思いますか。

8 ヨハネの福音書九章三五～四一節を読みましょう。この奇跡の出来事は、盲目であった物乞いに、身体的な癒やし以上にどのような影響をもたらしたでしょう。
・癒やされた男は、イエスの力について語ったことで会堂から追い出されましたが、イエスとことばを交わし、イエスが神の子であるとはっきり信じました。彼がイエスを信じたのはなぜだと思いますか。
・四一節を読みましょう。イエスが、「あなたがたの罪は残ります」とおっしゃったのは、パリサイ人たちのどのような姿勢が原因でしょう。
・あなたは過去に、すでに理解していると思っていたことが、実は違っていたと気づいた経験はありませんか。なぜそんな誤解が生じたのでしょう。何がきっかけで、あるいは誰によって目が開かれましたか。
・あなたは今、神からチャレンジを受けていることはありませんか。すでに理解していると思っている事柄や人について、神がさらに深い理解を得させようとあなたの背を押しているのかもしれません。どのような状況か説明してみてください。イエスの視点に立ってこの状況を理解できるよう神に祈り求めましょう。

9 この章で学んだことで、何が今のあなたにとって一番大切なことだと思いましたか。その理由も教えてください。

第8章　「ラザロよ、出て来なさい！」

1 死はすべての人に訪れます。あなたは死について考えたとき、どんな気持ちになりますか。恐ろしいと感じますか。できれば考えないようにしたいですか。それとも安らかな気持ちになりますか。死についてもっと知りたいですか。その理由についても教えてください。

2 身近な人の死を経験したことはありますか。その経験はあなたの死に対する考えや思いにどのような影響を与えましたか。自分の死について考えるきっかけとなりましたか。

3 ヨハネの福音書一一章一～六節を読みましょう。
・マルタとマリアは、ラザロの病気のことをどのようにイエスに伝えましたか。
・彼女たちは、イエスがどのように応えてくださることを期待したと思いますか。
・イエスは彼女たちの期待に反し、どうなさいましたか。
・イエスはどうしてそのようにされたのだと思いますか。

4 あなたは神に何かを願い求めた（大切な人の病気を癒やしてほしい、自分の置かれている状況を変えてほしい等）にもかかわらず、その願いがかなえられなかった経験はありますか。

・その時あなたはどのような気持ちになりましたか。

・神に対してどのような思いを抱きましたか。

5 ヨハネの福音書一一章一一～一五節を読みましょう。イエスはラザロの身に何が起きているのか知っておられました。イエスはラザロが死なないようにすることもできたのに、あえてそうなさらなかったのはなぜなのでしょう。

・この奇跡を通してイエスはどんな大切なことを伝えようとなさったのでしょう。

・この時のイエスの態度から、あなたが願い求めたことにまだ答えが与えられないのはなぜなのか考えてみましょう。

6 ヨハネの福音書一一章二〇節に、「マルタは、イエスが来られたと聞いて、出迎えに行った。マリアは家で座っていた」とあります。マリアはなぜイエスを出迎えに行かず、家で座っていたのだと思いますか。

・あなたがマルタやマリアだったら、どんな態度を取ったと思いますか。

・あなたが祈ったことに対する答えが、期待外れと感じたり、遅すぎると思ったことはありますか。どんな祈りをささげたのでしょう。イエスにどのように応えてほしいと思っていましたか。

・イエスの答えはあなたの信仰にどのような影響を与えましたか。

7 ヨハネの福音書一一章二八〜三五節を読みましょう。マリアはイエスのところに行き、何と言いましたか。

・マリアのそのことばを読んであなたはどう思いましたか。

・そのことばを聞いたイエスはどうされましたか。

・イエスはなぜ憤りを覚えたのでしょう。

・イエスが涙を流している姿を想像しましょう。あなたに対してもイエスは深くあわれみ、同情なさる方だと思いますか。

・イエスが憤り、また涙を流す様子から、イエスがどのような方だと分かりますか。

8 著者は、イエスが墓から出てくるようラザロを招いたのではなく、命令されたと記しています（一二八ページ）。イエスの権威と力についてどのようなことが分かりますか。

9 著者は、ラザロが復活したこの奇跡は、私たちに素晴らしい神の約束を伝えていると記します。それはどんな約束でしょう（一三〇～一三一ページ）。

10 ラザロはイエスの大切な友として聖書に描かれています。もしかしたらあなたは、イエスが自分のことを大切な友として見てくださっているとは思えないかもしれません。次の聖句を読みましょう。どのみことばも、キリストを通して結ばれた神と私たちとの関係について記しています。

「しかし、あなたがたは選ばれた種族、王である祭司、聖なる国民、神のものとされた民です。それは、あなたがたを闇の中から、ご自分の驚くべき光の中に召してくださった方の栄誉を、あなたがたが告げ知らせるためです。」（ペテロの手紙第一　二章九節）

「実に、私たちは神の作品であって、良い行いをするためにキリスト・イエスにあって造られたのです。神は、私たちが良い行いに歩むように、その良い行いをあらかじめ備えてくださいました。」（エペソ人への手紙二章一〇節）

「あなたがたは、人を再び恐怖に陥れる、奴隷の霊を受けたのではなく、子とする御霊を受けたのです。この御霊によって、私たちは『アバ、父』と叫びます。御霊ご自身が、私たちの霊とともに、私たちが神の子どもであることを証ししてくださいます。子どもであるなら、相続人でもあります。私たちはキリストと、栄光をともに受けるために苦難をともにしているのですから、神の相続人であり、キリストとともに共同相続人なのです。」（ローマ人への手紙八章一五〜一七節）

・神がどのように私たちをご覧になっているかを示す箇所にアンダーラインを引きましょう。
・一番あなたの心に響くのはどの箇所ですか。それはなぜですか。
・どの箇所があなたにとって信じがたく感じますか。それはなぜでしょう。
・イエスは大切な友であるラザロを死からよみがえらせました。神の作品であり、子であり、共同相続人である私たちのことも、いつの日か死からよみがえらせたいと願っていらっしゃると思いませんか。

11 ヨハネの福音書一一章二五、二六節を読みましょう。「わたしはよみがえりです。いのちです。わたしを信じる者は死んでも生きるのです。また、生きていてわたしを信じる者はみな、永遠に決して死ぬことがありません。あなたは、このことを信じますか。」

イエスはここで大胆な宣言をし、はっきりとした問いかけをなさっています。「あなた」のところに自分の名前を入れて、もう一度この箇所を読みましょう。どうですか、あなたはこのことを信じますか。それとも信じませんか。それはなぜでしょう。

第9章　「完了した」

❶ この章を読む前、あなたは、キリストの十字架の出来事についてどの程度知っていましたか。イエスが十字架で死ななければならなかった理由は何だと思っていましたか。

❷ 著者が、十字架の出来事はイエスの奇跡のみわざの一つであると述べたのはなぜでしょう。

❸ 十字架上でのイエスの最後のことばは「完了した」でした（ヨハネの福音書一九章三〇節）。元のことばはテテレスタイというギリシア語です。イエスが最後にこのことばを口にされたことに、どのような大切な意味があるのでしょう。

4 著者は、「では、いったい何が完了したというのでしょう」（一四三ページ）と読者に尋ねています。あなたはどう答えますか。

5 あなたは過去に犯した過ちや経験について、いまだに罪悪感を覚えたり、後ろめたさを感じることはありますか。どうしていつまでも罪悪感や後ろめたさが消えないのでしょう。

6 著者はヘブル人への手紙一〇章一四節「なぜなら、キリストは聖なるものとされる人々を、一つのささげ物によって永遠に完成されたからです」の聖句を引用し、「キリストがすでにささげてくださっているのですから、それ以上のものを、何もささげる必要はないのです。天の父は、さらなる犠牲を望んではおられません」と記しています（一四二ページ）。

・このことばを読んでどう思いますか。

・イエスがただ一度ご自身の命をささげてくださった出来事のもつ力を、あなたは心から信じることができますか。

・自分の犯した罪や過ちに対する思いが、イエスの十字架の出来事を信じることを阻んでいることはありませんか。もしそうなら、その理由も教えてください。

7 「完了した」という約束の重要性を、私たちは忘れてしまいがちです。私たちはつい、自分から何かを「ささげる」ことによって神の赦しを得ようとします。あなたもそのような経験はありませんか。もしあれば具体的に説明してください。

8 以下の聖句を読みましょう。

「淫らな行いを避けなさい。人が犯す罪はすべて、からだの外のものです。しかし、淫らなことを行う者は、自分のからだに対して罪を犯すのです。」(コリント人への手紙第一六章一八節)

「肉のわざは明らかです。すなわち、淫らな行い、汚れ、好色、偶像礼拝、魔術、敵意、争い、そねみ、憤り、党派心、分裂、分派、ねたみ、泥酔、遊興、そういった類のものです。以前にも言ったように、今もあなたがたにあらかじめ言っておきます。このようなことをしている者たちは神の国を相続できません。」(ガラテヤ人への手紙五章一九〜二一節)

「ですから、地にあるからだの部分、すなわち、淫らな行い、汚れ、情欲、悪い欲、そして貪欲を殺してしまいなさい。貪欲は偶像礼拝です。これらのために、神の怒りが不従順の子らの上に下ります。あなたがたも以前は、そのようなものの中に生き、そのような歩みをしていました。」（コロサイ人への手紙三章五～七節）

・この三つの聖句に共通する警告とは何でしょう。
・この三つの聖句にあることばに、緊張を感じたり混乱を覚えることはありませんか。どのことばでしょう。その理由も教えてください。

今度は次の聖句を読みましょう。

「私たちの罪にしたがって／私たちを扱うことをせず／私たちの咎《とが》にしたがって／私たちに報いをされることもない。／天が地上はるかに高いように／御恵みは　主を恐れる者の上に大きい。／東が西から遠く離れているように／主は　私たちの背きの罪を私たちから遠く離される。／父がその子をあわれむように／主は　ご自分を恐れる者をあわれまれる。」（詩篇一〇三篇一〇～一三節）

「私はこう確信しています。死も、いのちも、御使いたちも、支配者たちも、今あるものも、後に来るものも、力あるものも、高いところにあるものも、深いところにあるものも、そのほかのどんな被造物も、私たちの主キリスト・イエスにある神の愛から、私たちを引き離すことはできません。」（ローマ人への手紙八章三八、三九節）

「私たちは知っています。私たちの古い人がキリストとともに十字架につけられたのは、罪のからだが滅ぼされて、私たちがもはや罪の奴隷でなくなるためです。死んだ者は、罪から解放されているのです。」（ローマ人への手紙六章六、七節）

・これらの聖句に共通するテーマは何でしょう。

・神はすべての罪を赦してくださることを信じること、聖書が勧めるように罪を犯さないよう努力し続けること、この二つを両立するにはどうしたらよいと思いますか。

9 質問5に戻りましょう。イエスの十字架の出来事の意味を真に理解したことで、今まで犯してきた罪や失敗、経験に対する見方が変わりましたか。どのように変わったか、あるいは変わらなかったか説明してください。

10 著者は、孫娘のロージーが初めて海を見た時のエピソードを記しています。ロージーが波の音について「この音、いつ止むの？」と尋ねると、著者は「けっして止むことはないんだよ」と答えます（一四五〜一四六ページ）。神の恵みもこの海の波のようにけっして止むことがないと心から信じることができたとしたら、人生はどのように変わると思いますか。

・人への接し方はどのように変わるでしょうか。
・自分に対する見方はどのように変わるでしょうか。

第10章　「見て、信じた」

1 今のあなたの信仰について、最も的確に言い表しているのは次のうちどれでしょう。
（参考までに、この質問に正解、不正解はありません。）

熱心に信じている・イエスが十字架にかけられ、埋葬され、よみがえられた神の御子であると固く信じている。

信じたい気持ちはあるが疑いを抱いている・イエスの復活の出来事を完全に信じるまでには至らないが、信仰や霊的な事柄についてこれからも希望をもって求めていきたい。

全く信じていない・イエスは尊敬すべき歴史上の人物ではあるが、死からよみがえりはしなかった。

2 この章の始めに、著者も、ある時期キリストの復活について疑いを抱いたことがあると記しています。先ほどの設問で、自分は現在「熱心に信じている」と考えている人も、イエスの復活について、あるいは他の教義について、今までに疑いをもったことはありますか。それはどんなことでしょう。その理由も教えてください。

自分は現在「信じたい気持ちがあるが疑いを抱いている」と考えている人は、イエスについて書かれた聖書の記事の中で疑いを感じるのはどのようなことですか。その理由も教えてください。

「全く信じていない」人は、特に信じがたいと感じるのはどんなことですか。その理由も教えてください。

3 今まで、あなたの中で、あるいは所属する教会の中で、疑いを抱いてもよいとされてきましたか。

・疑いの気持ちをもつことは、あなたの信仰者としての歩みにどのような影響をもたらしましたか。
・あなたは、信仰について疑いをもってもよいと思いますか。その理由も教えてください。

4 ヨハネの福音書一九章三八〜四二節を読みましょう。イエスの御身体は、埋葬のためどのように整えられ、どこに納められましたか。

5 ヨハネの福音書二〇章一〜八節を読みましょう。ヨハネとペテロは、墓の中で何を見ましたか。なぜこのことは重要なのでしょう。

6 ヨハネが、イエスが復活したことを初めて信じたのはどの時点でしょう（ヨハネの福音書二〇章八節参照）。
・ヨハネは復活したイエスをまだ見ていないのに、なぜ信じることができたのでしょう。
・ヨハネは、何を根拠にイエスが復活したと思ったのでしょう。

7 あなたがイエスの復活を信じたのはいつですか。

・あなたは信仰によって素直にそれを受け入れることができましたか。それとも何かを根拠に信じましたか。あるいはその両方ですか。
・イエスの復活を信じることは、あなたにとってどのような意味があるでしょう。
・復活を信じることによって、あなたはどう変わりましたか。
・復活を信じることによって、気持ちの上で何か変化はありましたか。

8

ヨハネの福音書には、「信じる」ということばが何回記されていますか。
・なぜヨハネはそれほど何回もこのことばを用いたのでしょう。
・著者は次のように記しています。「この『信じる』ということばは、単に信じるというよりも、（　　　）、（　　　）（　　　）という意味合いを帯びています」（一五六ページ）。空欄のことばを埋めてください。
・あなたも、イエスの復活についてこのような信仰に立っていますか。その理由も教えてください。

9

クリスチャンにとってキリストの復活を信じることはどうして大切なのでしょう。
・キリストの復活は、あなたの信仰の中心的な事柄だと思いますか。その理由も教えてください。

・クリスチャンであることと、キリストの復活を信じないこととは、両立すると思いますか。その理由を教えてください。

・コリント人への手紙第一 一五章一七節は「もしキリストがよみがえらなかったとしたら、あなたがたの信仰は空しく、あなたがたは今もなお自分の罪の中にいます」と記しています。それはなぜだと思いますか。この聖句を読んで、心に引っかかりを感じることがあれば教えてください。

10 著者は、イエスが復活した根拠として、他にもどのようなことを挙げていますか（一六一～一六二ページを読みましょう）。

・イエスの死と復活の証人の人数が聖書に書かれているのは、なぜなのだと思いますか。どうしてこのことが重要な意味をもつのでしょう。

・歴史が、人々の目撃証言や記録によって作られてきたことを考えてみてください。私たちは歴史書に記されていることを信じますね。私たちが、聖書に記録されているイエスの復活の記事を信じがたいと思うのはなぜなのでしょう。

・学校で学ぶ歴史が実際に起きたことであると信じることと、キリストの復活を信じることのあいだに何か違いはありますか。あるとするならば、それは何でしょう。

11 ヨハネは、イエスが復活されたその晩に、よみがえりの主にお会いすることができました。ヨハネの福音書二〇章一九～二二節を読みましょう。

・イエスが弟子たちにかけた最初のことばは何でしたか。
・イエスは弟子たちに何をお見せになりましたか。
・弟子たちの反応はどうでしたか。
・空の墓や墓の中に置かれていた亜麻布をすでに目撃していたヨハネは、この時何を考え、どんな気持ちだったか想像してみましょう。

12 著者はこう記しています。「信仰とは、『疑わないこと』ではないのです。信仰とは、理解できないことについて問い続けることです」（一六三ページ）。あなたは今、神に問い続けていることはありますか。それはイエスの復活について、または現在あなたの人生の中で起きていることについてかもしれません。あるいは復活以外の信仰上のことで疑問があるのかもしれません。あなたの疑問が何であれ、ぜひそれを父なる神にぶつけてみてください。疑問を抱いて問いかけることを、恥じたり恐れたりする必要はありません。神は、あなたの疑いを理解し、喜んであなたの問いかけに耳を傾けてくださいます。

第11章　イエスと一緒に朝食を

1 あなたは、大切な人との約束を破った経験はありますか。

・それはどんな約束でしたか。
・相手はどのような反応を示しましたか。
・相手があなたをゆるしてくれたとします。その後あなたとその人との関係はどのように変わると思いますか。
・相手があなたをゆるしてくれなかったとします。その後あなたとその人との関係はどうなってしまうと思いますか。

2 私たちは誰しも、人を傷つけてしまった経験があるでしょう。そして誰もが神を傷つけた経験を持ちます。著者は次のように記しています。「私たちもいいかげん観念して認め、白状すべきなのです。自分にも、ひどい失敗、大きな過ちを犯した過去があることを。神は、こんな私でも自分のものだと言ってくださるのかと、疑うほどのことをしてしまったことを。ここで問題にしているのは、日常的な不注意の数々、あるいは悪気のない間違いのことではありません。自分の過去を振り返るならば、神に反抗したヨナのような、神の御前から逃げ出したエリヤのような、厚かましくも神と争ったヤコブのような、そんなひとときがあったのではないでしょうか」（一六八ページ）。
・あなたは、ひどく失敗してしまった過去を思い出すとき、どんな気持ちになりますか。
・あなたのそのような過去について、神はどう思っていらっしゃると思いますか。

3 著者は、ペテロとイエスの友情を「ロッキー山脈」にたとえています。ルカの福音書五章一～一一節を読みましょう。
・イエスとペテロの友情が始まったきっかけはどんなことでしたか。
・八節を読みましょう。網いっぱいに捕れた魚を見たペテロは、イエスに何と言いましたか。
・一一節を読みましょう。「恐れることはない。今から後、あなたは人間を捕るようになるのです」とイエスに言われたペテロと他の弟子たちは、どうしましたか。
・この聖書の箇所から、その時ペテロは、イエスとどのような関係にあったか想像してみましょう。
・あなたも、この時のペテロのように、新鮮な驚きに満ち、イエスのためなら何を差し出してもよいと思ったことはありませんか。振り返って思い出してみましょう。

4 マルコの福音書一四章二七～三一節を読みましょう。

・ペテロはイエスに対しどのような誓いをしましたか。

・その時、ペテロは誓いを守ることができると本気で考えていたと思いますか。なぜそう思うか理由も教えてください。

・この聖書の箇所から、その時ペテロは、イエスとどのような関係にあったか想像してみましょう。

・あなたもペテロのように、イエスに対して誓いを立てたことはありますか。それは具体的にどんな誓いでしたか。そのような誓いを立てた理由を教えてください。

5 マルコの福音書一四章六六～七二節を読みましょう。

・ペテロはなぜ自分がイエスの仲間であることを否定したのだと思いますか。

・ペテロは、鶏が二回鳴いた後、イエスのことばを思い出し、どうしたでしょう。

・あなたも、イエスに対して立てた誓いを破ったことはありますか。

・誓いを破ってしまったことに気づいたとき、あなたはどんな気持ちになりましたか。

6 マルコの福音書一六章七節を読みましょう。天使は、弟子たちへのことばの中で特別にペテロの名前を挙げています。著者も「まるで天においてはペテロの恥ずべき行いがすべて目撃されていたかのように。そして今や天では、ペテロが立ち直ることを願いつつ、この状況を固唾をのんで見守っているかのように」と記しています（一七三ページ）。

・このことから、イエスがどのような方であることが分かりますか。イエスはペテロに対しどんな思いでおられたのでしょう。

・イエスはあなたに対しても同じ思いでおられると思いますか。

7

ヨハネの福音書二一章一～九節を読みましょう。

・ここに記された出来事は、ルカの福音書五章一～一一節に記されている出来事とどのような点で似ているでしょう。

・次にヨハネの福音書二一章一五～一七節を読みましょう。ここで交わされている会話は、マルコの福音書一四章六六～七二節でペテロがイエスを知らないと言った出来事とどのような点で似ていますか。

・このように聖書に書かれた出来事が、まるで呼応するかのように似ていることに、どんな大切な意味が隠されていると思いますか。

・このことから、イエスとペテロの関係についてどのようなことが分かりますか。

8 この学びで読んだペテロの物語の場面の中で、あなたの今の状況にいちばん近いのはどれですか。

・あなたは現在、クリスチャンになったばかりで、何もかも捨ててイエスに従いたいと思っているのでしょうか。
・それとも、イエスに対し何か誓いを立てたところでしょうか。
・その誓いを破ってしまい、罪悪感に苦しんでいるところでしょうか。
・あるいは、キリストの大きな赦しを経験し、キリストとの関係が回復されたところでしょうか。
・今現在あなたがどこに立っていたとしても、イエスとどんな関係でいたいと思いますか。

9 著者は、ある失敗を妻にゆるしてもらった経験を記しています。あなたなら、鏡にどんな赦しのことばをイエスに書いていただきたいですか。

10 ペテロは、イエスに赦していただいた後、次のような使命を与えられました。「わたしの子羊を飼いなさい。……わたしの羊を牧しなさい。……わたしの羊を飼いなさい」(ヨハネの福音書二一章一五〜一七節)。

・ペテロはキリストのためにどのような働きをしましたか(一八三〜一八四ページ参照)。
・あなたは過去の失敗が心に重くのしかかり、キリストのために働きを続けることはできないと感じたことはありませんか。
・もしそうならば、自分にはキリストのために働く資格がないと思う理由は何でしょう。
・もしイエスにすっかり赦していただいたと確信できたら、あなたはキリストのためにどんな働きをしたいですか。

11 著者は、ペテロに赦しを与えたのはイエスのほうからであったが、ペテロも勇気をもって一歩踏み出す必要があったと記しています。ペテロは、ガリラヤに向かい、湖に飛び込んで岸まで泳ぎ、イエスと話をしました。今日、あなたもイエスに向かって一歩近づく必要を感じていますか。具体的に、何をする必要があると思いますか。

第12章　「ただ信じなさい」

1　ヨハネは、自分がなぜ福音書を書こうと思ったのか、またどうしてキリストが行われた不思議なみわざについて伝えようと思ったか、その理由についてこう記しています。「これらのことが書かれたのは、イエスが神の子キリストであることを、あなたがたが信じるためであり、また信じて、イエスの名によっていのちを得るためである」（ヨハネの福音書二〇章三一節）と。本書の学びは、あなたの信仰にどのような影響を与えましたか。イエスが死からよみがえられた神の御子であると、心から信じられるようになりましたか。

2　次に挙げる奇跡の出来事から、あなたはどんな真理、約束を受け取りましたか。今のあなたにとって、どれがもっとも深く心にとどまりましたか。

イエスが水をぶどう酒に変えた奇跡。
イエスが役人の息子を癒やした奇跡。
イエスが足なえを癒やした奇跡。
イエスが盲人を癒やした奇跡。
イエスが湖の上を歩いた奇跡。

イエスが五千人もの人々を養った奇跡。
イエスがラザロをよみがえらせた奇跡。
イエスが十字架の上で贖いのみわざを成し遂げられた奇跡。
イエスが死からよみがえられた奇跡。
イエスが、弟子たちが湖に投げた網を魚で満たし、ペテロのたましいを回復した奇跡。

3 著者は、この章の中で次のように記しています。「奇跡の出来事は、他でもない、奇跡を行われるイエスがどのようなお方であるかを伝えようとしているのです。イエスは、あなたはけっしてひとりではないことを知ってほしいと願っています。あなたは必ず助けと希望と力が与えられます。あなたは自分で思うよりもずっと強い、なぜなら神は、あなたが思うよりもずっと近くにいてくださるのですから」（一九六〜一九七ページ）と。設問2に記された奇跡のうち、この約束を最も確かなものとして示しているとあなたが思ったのはどれですか。その理由についても教えてください。

4 著者は、ルークが自分のチームメイトだけでなく、相手チームの選手たちの応援も受けながら何度もシュートに挑戦したエピソードを記しています。
・私たちにも、実はルークのように応援者がいるのです。それはどなたでしょう。

・一週間前から今に至るまでの自分の歩みを静かに振り返ってみましょう。その時は気づかなかったけれど、今思い起こすとそれは奇跡の出来事であったと思えることはありますか。具体的に説明してみてください。

・あなたの周りの人たちが経験した出来事で、後で振り返るとそれは奇跡であったと気づいたことはありますか。

・私たちは日々神の奇跡を経験しています。しかし、それが奇跡であると気づくのが難しいのはなぜだと思いますか。

・あなたは、神が起こしてくださった奇跡を、偶然あるいは運命であるといつも片付けてしまってはいませんか。それはなぜでしょう。

・あなたの人生は大小を問わず神の奇跡で満ちています。そのことから、神について、そして神のご臨在についてどんなことが分かりますか。

5 著者は、この章の中で、神が私たちのすぐ近くにいてくださることを示す聖句をいくつか紹介しています（一九七〜一九八ページ参照）。今のあなたにとって最も励まされ、慰められる聖句はどれですか。その理由も教えてください。

6 第Ｉ章のスタディーガイドの最初の設問を思い出してください。それは、「あなたは、

『奇跡』についてどう思いますか」でした。最後の章まで読み進めた今、改めてこの設問に答えてみましょう。あなたの考えに何か変化はありましたか。その理由も教えてください。

7 ヨハネの福音書に記されている奇跡、あるいはあなたの人生に起きる奇跡について、どうしても疑いの気持ちが拭えない、そのようなことはありませんか。

・具体的にどんな疑いがありますか。

・それらの疑いを克服するために、あなたがすべきこととは何でしょう。

8 本書が伝えようとしている最も大切な神の約束とは、タイトルにあるとおり、「あなたはひとりではない」ことです。この約束にしっかりと立つならば、あなたの人生、信仰、そして周りの人々との関係はどのように変わっていくと思いますか。

9 あなたの心の内のあらゆる考え、疑問、祈り、心配を、天の父である神の御前に差し出しましょう。もし自分の人生に奇跡を起こしていただきたいならば、素直にそう祈りましょう。もっと信仰を強めていただきたいなら、そう祈りましょう。神の赦しが必要ならば、そう祈りましょう。自分はけっしてひとりではないという信仰を手にしたいのであれば、神はどんな時もけっして私たちを見捨てず共にいてくださるという、確かで静かな確信を頂けるよう神に祈り求めましょう。

原注

第1章　私たちにはできなくとも、神はできる!

1　"The 'Loneliness Epidemic,'" https://www.hrsa.gov/enews/past-issues/2019/january-17/loneliness-epidemic; Julianne Holt-Lunstad,PhD, "The Potential Public Health Relevance of Social Isolation and Loneliness: Prevalence, Epidemiology, and Risk Factors," *Public Policy & Aging Report,* volume 27, issue 4, 2017, pages 127–130, https://doi.org/10.1093/ppar/prx030, published January 2, 2018; "Friends are Healthy—Impact of Loneliness on Health &Cognition," https://www.themaples-towson.com/news/friends-are-healthy-impact-of-lonliness-on-health-cognition.

2　「たった八十人の患者が一年間でダラスにある病院の救急救命室を合計五千百三十九回利用していた理由は孤独感。」Teresa Woodard,WFAA, May 28, 2019, https://www.wfaa.com/article/features/originals/80-people-went-to-dallas-emergency-rooms-5139-times-in-a-year-usually-because-they-were-lonely/287-f5351d53-6e60-4d64-8d17-6ebba48a01e4.

第2章　失ったものを補ってくださる主

1　ここは信仰が真に試される場面であると言えるだろう。……〔マリアは〕これを怒りあるいは不親切とは受け止めず、イエスが優しく親切な方であるという固い確信に立ち続けた。……イエスが不親切で慈悲の心がないなどと考えてイエスの名誉を汚すことはしたくなかった。……つまりこの出来事から学ぶことのできる、そして心に留めおくべき最も大切なこととは、たとえイエスのことばや態度が冷たく不親切に思えたとしても、神を善かつ恵みに富む方として敬い崇めるべきだということである。……マリアは、イエスがあわれみ深い方であるという確信がゆるがなかった。たとえそのように感じられなかったとしても」（マルチン・ルターのことば）。Frederick Dale Bruner, *The Gospel of John: A Commentary* (Grand Rapids, MI: Eerdmans, 2012), 138-39

2　一つの水がめは二十五ガロン入りなので、六つの水がめを満たすぶどう酒の量は百五十ガロン。一ガロンは百二十八オンスなので、百五十ガロンは一万九千二百オンス。一本のワインボトルの容量は通常二十五・四オンスなので、一万九千二百オンスはワインボトル七百五十六本分となる。

第3章　ささげられた祈りに答えが与えられるまでの、長い道のり

1　ビル・ブライソン『ビル・ブライソンの究極のアウトドア体験——北米アパラチア自然道を行く』（仙名紀訳、中央公論社、二〇〇〇年）

2　「盲人で初めてアパラチアン・トレイルを踏破したビル・アーウィン、七十三歳で逝去。」Zach C.Cohen, *Washington Post,* March 15, 2014, https://www.washingtonpost.com/national/bill-irwin-dies-at-73-first-blind-hiker-of-appalachian-trail/2014/03/15/a12cfa1a-ab9b-11e3-af5f-4c56b834c4bf_story.html.

3　R. Kent Hughes, *John: That You May Believe* (Wheaton, IL:Crossway, 1999), 138.

第4章　「起きて、床を取り上げ、歩きなさい！」

1　「はまって身動きがとれなくなった人たちの十の奇妙な物語〈10 Bizarre Stories of People Getting Stuck〉」、Grace Murano,"Oddee, April 4, 2011, https:// www.oddee.com/item_97665.aspx.

2　最近翻訳された版の聖書では、「主の使いがときどき池に降りて来て、水を動かすことがあり、水が動いたとき、真っ先に水に入る者は、どんな病気にかかっていても、癒やされたからである」という興味深い一文を省く傾向にある。福音派の聖書学者のほとんどは、これが、人々がなぜ池に入ろうとしたのかを説明するために、後に編纂者の手によって加えられたことばであるとしている。この一文がヨハネの福音書の元の記事にあったとしてもなかったとしても、ベテスダの池の周りには病を抱えた人々が集まっていたという事実は変わらない。「病人、目の見えない人、足の不自由な人、からだに麻痺のある人たちが大勢、横になっていた」（ヨハネの福音書五章三節）。

3　"Bethesda," BibleWalks.com, https://biblewalks.com/Sites/Bethesda.html.

4　Lee Strobel, *The Case for Miracles: A Journalist Investigates Evidence for the Supernatural* (Grand Rapids, MI: Zondervan,2018), 101–4. Billy Hallowell, "The Real-Life Miracle That Absolutely Shocked Lee Strobel," Pure Flix.com, April 24, 2018,https://insider.pureflix.com/movies/the-real-life-miracle-that-absolutely-shocked-lee-strobel.

5　Used by permission.

第5章　必ず道はある！

1　Translation by Frederick Dale Bruner, *The Gospel of John: A Commentary* (Grand Rapids, MI: Eerdmans, 2012), 359.（訳注・本書訳文は、『聖書 新改訳２０１７』）

2　Bruner, *Gospel of John*, 359.（訳注・同右）

3　Bruner, 359.（訳注・同右）

4　Gen. 41:9–14; Ex. 2:6; 1 Sam. 17:48–49; Matt. 27:32–54.

5　“Chambers, Gertrude (Biddy) (1884–1966); Archival Collections at Wheaton College,” Wheaton College, https://archon.wheaton.edu/index.php?p=creators/creator&id=198.

6　「なぜ出版されて八十年経った今も『限りなき主の栄光を求めて』が読み継がれるのか〈Why We’re Still Reading ‘My Utmost for His Highest’ 80 Years Later〉」” Macy Halford,*Christianity Today*, March 9, 2017,https://www.christianitytoday.com/ct/2017/march-web-only/utmost-for-his-highest-popular-devotional-reading-chambers.html.

第6章　「嵐の中、わたしはあなたとともにいる」

1　この小児性愛者は後に罪が明らかにされ、刑罰を受けた。

2　Katherine and Jay Wolf, *Hope Heals: A True Story of Overwhelming Loss and an Overcoming Love* (Grand Rapids, MI:Zondervan, 2016), 163–65.

第7章　見えるようにしてくださる主

1　John Newton, “Amazing Grace,” Timeless Truths, https://library.timelesstruths.org/music/Amazing_Grace/.You

2　Lea Winerman, “By the Numbers: An Alarming Rise in Suicide,”*American Psychological Association 50*, no. 1 (January 2019),https://www.apa.org/monitor/2019/01/numbers.

3　“Opioid Overdose Crisis,” National Institute on Drug Abuse, NIH,revised February 2020, https://www.drugabuse.gov/drugs-abuse/opioids/opioid-overdose-crisis.

4　ヨハネの福音書：3:17; 4:34; 5:24, 30, 36; 6:29, 38, 44, 57; 7:16, 18, 28, 29, 33;8:16, 18, 26, 29, 42; 9:4.

5　Hershel Shanks, “The Siloam Pool: Where Jesus Cured the Blind Man,” *Biblical Archaeology Review* 31:5 (Sept/Oct 2005),baslibrary.org/biblical-archaeology-review/31/5/2.

6　Lee Strobel, *The Case for Miracles: A Journalist Investigates Evidence for the Supernatural* (Grand Rapids, MI: Zondervan,2018), 141.

7　Tom Doyle, *Dreams and Visions: Is Jesus Awakening the Muslim World?* (Nashville: Thomas Nelson, 2012), 127.

8　Strobel, *Case for Miracles*, 146.

9　Strobel, 152.

10 唯一の例外は、アナニアによってサウロの目が癒やされた場面（使徒の働き九章八～一八節）。

11 C. H. Spurgeon, *The Metropolitan Tabernacle Pulpit: Sermons Preached and Revised in 1884* (London: Banner of Truth Trust,1971), 30:489.

第8章「ラザロよ、出て来なさい！」

1 Frederick Dale Bruner, *The Gospel of John: A Commentary* (Grand Rapids, MI: Eerdmans, 2012), 664.

2 Bruner, *Gospel of John*, 681.

3 Used with permission of Russ Levenson.

第9章「完了した」

1 Used with permission of Kayla Montgomery.

第10章「見て、信じた」

1 聖書によっては、香料の重さを百ポンド（訳注・約四十五・三キロ）とする版もあれば、七十ポンド（訳注・約三十二キロ）、七十五ポンド（訳注・約三十四キロ）とする版もある。

2 William Barclay, *The Gospel of John*, rev. ed. (Philadelphia:Westminster Press, 1975), 2:263.

3 Gary M. Burge, *John*, The NIV Application Commentary (Grand Rapids, MI: Zondervan, 2000),

554.

4 Edward W. Goodrick and John R. Kohlenberger III, *The NIV Exhaustive Concordance* (Grand Rapids, MI: Zondervan, 1990),127–28.

5 「イエスの身体に巻かれていた布は、ほどかれてもおらず、乱れてもいなかった。最初に巻かれた状態のままそこに置かれていた。」Barclay, *Gospel of John*, 2:267.

6 Arthur W. Pink, *Exposition of the Gospel of John* (Grand Rapids,MI: Zondervan, 1945), 1:1077.

7 Burge, *John*, 554.

8 ジョン・ストットは、イエスの御身体について、「からだはその瞬間、まったく新しい、異質の、素晴らしい存在に転移していったため、まさに『蒸発』したかのように見えたに違いありません」と述べている。（ジョン・ストット『信仰入門』〈ニュークラシック・シリーズ〉有賀寿訳、いのちのことば社、二〇二〇年、一〇一頁＊本書は一九七八年にすぐ書房から刊行された『信仰生活入門』の復刻版）

第11章　イエスと一緒に朝食を

1 Ross King, *Leonardo and the Last Supper* (New York: Bloomsbury,2012), 271–73.

第12章　「ただ信じなさい」

1 Used by permission.

2 Used by permission.

3 Mark Bouman, *The Tank Man's Son: A Memoir* (Carol Stream, IL:Tyndale, 2015), 316–18, 333–34.

訳者あとがき

二〇一九年の終わり頃に地球の片隅で発生した新型コロナウイルスは、またたく間に世界中に広がり、私たちの生活を一変させました。ウイルス感染への恐れから、人どうしの接触が厳しく制限されるようになり、リモートワークが推奨され、学校はオンライン授業に切り替わり、病院や老人施設への面会も禁止……。教会も、会堂に集うことができず、信徒はそれぞれ自宅でパソコンの画面越しに礼拝を捧げることを余儀なくされました。自由な行き来が許されなくなった今、社会的孤立の問題が以前にも増して深刻化しています。著者も本書の中で、長引く孤立感が私たちの心と身体に深刻な悪影響を与えていると指摘します。人は、けっしてひとりでは生きることができず、互いに支え合い心通わせることに喜びを見出し、他者の愛や配慮を必要とする存在として創造されたのだと改めて思わされます。

本書は、長引くコロナ禍にあって、言い知れぬ孤立感、無力感を抱える私たちに向け、ヨハネの福音書に記されたイエスの奇跡のみわざを一つひとつ丁寧に解き明かし、私たちが孤独を抜け出し希望をもって生きるための大切なヒントを伝えています。それは、イエスが二千年前にこの地上で行われた奇跡の出来事には、「あなたはけっしてひとりではない。いつもわたしがそばにいてあなたを助け、守り、導き、回復するのだ」との神からの力強いメッセージが込められているということ、そして、昨日も今日もとこしえに変わることはないイエスは、今も、私たちの人生において「奇跡」を行い続けてくださるのだということです。

私も、本書のメッセージを思い巡らし、また自身の人生を静かに振り返る時、主が成してくださったいくつもの「奇跡」に支えられてきたことに気づかされます。失敗や挫折、試練によって信仰が揺らぎそうになるたびに、不思議なタイミングで主の御手が働き、恵みの世界へと連れ戻していただきました。思いがけない出来事や人との出会い、友や家族の励まし、その日読んだみことば、ふと浮かんだ賛美歌の一節等を通して……。弱く欠けの多い私が今も変わらず信仰者であり続けられるのも、日々の生活の中で、時に驚くほど大きな、そして時に注意しなければ気づかないような数々の小さな奇跡によって、主が私の歩みを支えていてくださっているからに他なりません。

本書をこのたび日本の読者の方々にお届けできるのも、そんな「奇跡」の一つであるのかもしれません。きっかけは、昨年の夏、たまたま視聴していたマックス・ルケードさんのオンラインメッセージで、近々新刊『You are Never Alone : Trust in the Miracle of GOD'S PRESENCE and POWER』が発売されるのを知ったことでした。タイトルに惹かれた私は、本が出るや否やさっそくキンドルにダウンロードし、夢中で読み上げました。そしてふと思い立って、いつもお世話になっているいのちのことば社の編集部に本の感想をお伝えしたところ、前向きにご検討くださり、このたび邦訳出版が実現しました。私にとっては「たまたま」であり「ふと思い立った」ことも、その背後には主の確かな導きがあったのだと、今振り返って思うのです。

本書を手にした皆さんが、イエスの行われた奇跡の意味を知り、「私はひとりではない！」と心から告白することができますように。そして今も、皆さんの人生が神の奇跡に彩られていることに気づき、「信じ続けなさい」という天からのエールに励まされながら信仰の旅路を全うすることができますようにと心から祈ります。

最後になりましたが、編集を担当してくださった藤原亜紀子さん、本当にありがとうございました。こうしてご一緒に主の働きに携わることができます幸いを心から感謝します。

二〇二一年九月

中嶋典子

マックス・ルケード（Max Lucado）

テキサス州サンアントニオ在住。オークヒルズ・チャーチ牧師。アメリカのキリスト教界で人気のベストセラー作家。日本では、ロングセラー絵本『たいせつなきみ』でも知られる。邦訳されている著書に、『たいせつなきみ』シリーズ、『そのままのきみがすき』『たいせつなきみストーリーブック』、『グリップ・オブ・グレース』『ファイナル・ウィーク』『Wonderful!』『ザ・クロス』『イエスのように』『心の重荷に別れを告げて』『マックス・ルケードみことばの宝石』『希望の数字3・16』『ダビデのように』『いつもぎゅっとそばに』『ひと時の黙想 主と歩む365日』などがある。

中嶋典子

津田塾大学学芸学部国際関係学科卒。主な訳書に『レッツロール！』『うつになった聖徒たち』『神は死んだのか』『エルヴィスの真実』『祈りのちから』『バイリンガルこどもバイブル』『大草原の小さな家で』（すべて、いのちのことば社）など。教会学校の教案誌「成長」の執筆にも携わった。

あなたはひとりではない
イエスの奇跡が私たちに語りかけるもの

2021年12月20日発行

著者　マックス・ルケード
訳者　中嶋典子
発行　いのちのことば社
〒164-0001　東京都中野区中野2-1-5
編集　Tel.03-5341-6924　Fax.03-5341-6932
営業　Tel.03-5341-6920　Fax.03-5341-6921

印刷・製本　モリモト印刷株式会社

ISBN978-4-264-04329-4